宫崎市定亚洲史论考

[日]宫崎市定 著

马云超 张学锋 译

雍正皇帝

——中国的独裁君主

图书在版编目(CIP)数据

雍正皇帝：中国的独裁君主／（日）宫崎市定著；
马云超，张学锋译. —上海：上海古籍出版社，2018.5
（宫崎市定亚洲史论考）
ISBN 978-7-5325-8816-9

Ⅰ.①雍… Ⅱ.①宫… ②马… ③张… Ⅲ.①雍正帝
（1678-1735）—人物研究 Ⅳ.①K827＝49

中国版本图书馆 CIP 数据核字（2018）第 077356 号

宫崎市定亚洲史论考
雍正皇帝
——中国的独裁君主
［日］宫崎市定 著

马云超 张学锋 译

上海古籍出版社出版发行

（上海瑞金二路 272 号 邮政编码 200020）

（1）网址：www.guji.com.cn

（2）E-mail：guji1@guji.com.cn

（3）易文网网址：www.ewen.co

苏州市越洋印刷有限公司印刷

开本 850×1168 1/32 印张 8.375 插页 5 字数 166,000
2018 年 5 月第 1 版 2018 年 5 月第 1 次印刷
ISBN 978-7-5325-8816-9

K·2478 定价：52.00 元

如有质量问题，请与承印公司联系

目录

雍正皇帝

——中国的独裁君主

序

请打开案头的地图册,试着在欧洲的大城市中寻找王宫的位置。如果比例尺在三十万分之一左右,那么王宫就只能是一小点了。再来看北京的地图,如果是相同的比例尺,却能在北京市的市中心清楚地看到一寸见方的皇城以及其中的紫禁城。明清两代,紫禁城都是天子的私人住所,皇城的大部分则是其禁苑。清朝的故宫,完全沿袭了明朝的规模,今天,人们走访北京城,对庄严的故宫宫殿建筑自然会有所感慨,但更多的恐怕是为宫殿的宏伟而惊叹不已。皇城南北三公里,东西二点五公里,作为天子一个人的生活场所,也未免过于宽广了。但是,既然有这样的要求,就必然存在着相应的理由。几千年来,天子的宫殿都是中国式独裁皇帝权力的象征。

　　独裁君主必须尽可能在自己与人民之间创造距离。即便是大臣，谒见皇帝也必须从皇城的第一道门进入，步行约两公里，通过其间的七道大门。对于一般人民来说，天子仿佛就是另一个世界的存在。面对直接统治他们的知县，人民就已经战战兢兢，不敢接近。知县之上有知府，知府之上有道台，道台之上有称为布政使的财务官，再往上还有总督。然后进入中央政府，就有相当于各省大臣的各部尚书，往上是行使丞相权力的内阁大学士，以及相当于在大本营工作的军机处大臣，再往上才是隐藏在深处的天子。无论垂直距离还是平面距离，人民和天子之间都横亘着广阔的空间。

　　不过，虽说是独裁政治，但它的实体却不容易把握。这不仅是制度问题，同时也是君主能力的问题，理念与现实之间又有很大的差距。同样是中国，前代与后世间还有时代的变化和发展。最近似乎非常流行独裁政治的理论，但一旦走向极端，就可能堕落为脱离实际的空谈。议论的展开应该建立在掌握实际的基础上，必须避免从名称来规定实体。虽然颇费周折，但为了议论独裁制度，就必须把代表性的例子一一提出来探明真相，这才是摆在我们面前的课题。

　　如果问我谁是中国最具代表性的独裁君主，我会毫不犹豫地回答是雍正皇帝。其父康熙皇帝与其子乾隆皇帝都更为人所知，但也许很多人都不知道雍正帝的名字。正因为如此，我更觉得有义务来介绍这位帝王独裁政治的面貌。

清朝统治者并非汉族,而是兴起于满洲的异民族,到太宗为止的两代都是在满洲度过的。第三代顺治帝时,继承了灭亡的明王朝,于公元 1644 年入主北京,开始了对全中国的统治。顺治帝之子康熙帝是第四位君主,康熙帝之子就是雍正帝,所以雍正帝从太祖努尔哈赤数下来是第五任皇帝,但如果从清朝入主北京算起,就是第三任君王。王朝的兴衰大体在第三任时就已经奠定,雍正帝正是站在了清朝历史最关键的分水岭上。

雍正皇帝即位于公元 1722 年,比沙俄彼得大帝稍晚,而比普鲁士的腓特烈大王略早一些,相当于日本德川幕府第八代将军吉宗的中期。事实上,雍正帝也取得了足以和这些明君比肩的业绩。甚至可以说,雍正帝既是中国数千年来独裁政治传统的最终完成者,同时也是实行者。不过在论及他的政治前,我们必须从他所处的特殊个人环境,特别是即位前的宫廷争斗说起。这也是理解雍正帝本身,乃至理解中国独裁政治的必要前提。

如果读者读了这本书以后,认为我写的似乎都是中国即将发生的事,那就完全违背了我的意图。历史学的任务,就是从过去的世界中,不断找出和介绍意想不到的事实,并对迄今为止所塑造的历史形象加以订正。

一　懊恼的老皇帝

年过五十，体格硬朗的康熙帝也终于呈现出了衰老的迹象。

当时，清朝的国运正如东升的旭日，繁荣昌盛。且不说康熙帝即位初年平定国内的大规模叛乱，为清朝的安泰奠定了基础，如今连台湾也重新并入了领土，外蒙古的游牧民族甚至举部前来投诚归附。为了保护外蒙古，康熙皇帝还亲自率军穿越戈壁，与阿尔泰山一带剽悍的骑马民族首领噶尔丹进行决战，在昭莫多一战中大破敌军。此时的康熙帝四十三岁，正值壮年。然而，与壮年时期辉煌的文治武卫相比，晚年的康熙帝却在十几年之间为自己家庭内部的纠纷而苦恼，个人生活也因此蒙上了一层阴影，这一切势必会影响到他的健康。

常说多子多福，但康熙皇帝的子女也太多了。作为八岁即位的早熟皇帝，他十四岁时就有了儿子，此后，每年或每两年就有一人出生，记入系谱的皇子就达三十五人。女儿的情况不很清楚，中国古代女子是没有继承权的，不算入子嗣之列，所以无论有多少女儿，只要没有儿子，习惯上也会称作"无子"。康熙皇帝的女儿假如和儿子同样多，那么他就是七十个子女的父亲。但本应"多福"的康熙皇帝，晚年却为此感到烦恼，这当然不是生计的问题，帝王也有着不为人知的苦恼，那就是继承人的问题。

在君主制下，皇位继承人与其他皇子之间虽说是兄弟，却有着天壤之别。继承人大多是嫡长子，但又可以根据父皇的意志随意变更。所以，皇子之间围绕着皇位继承权往往明争暗斗，皇太子制度的设立就是为了防止这样的争斗。虽然这是中国自古以来就设定好的制度，但兴起于满洲的清朝却有所不同。在北方游牧民族中，共和的习惯根深蒂固。他们的首领必须是武力最强或血统最尊贵者，并且必须经过有权势的长者们的选举产生，被选举出的首领不能任意指定下一任继承者。清朝初年的太祖、太宗都没有指定继承人就去世了，太宗之子顺治皇帝也是在临死前才行使指定权的。这虽然说明中国式的君主制观念正在逐渐向满洲习俗中渗透，但真正学习纯粹的中国制度，在天子生前就明确指定皇太子，可以说是从康熙时代才开始的。

康熙皇帝有几十个子女，其中大部分都是庶出。位于皇城的中心占地约一平方公里的紫禁城中，除了数百人的女官和数百人的宦官外，生活在这里的男人只有皇帝一个。皇子一旦成年就要分家，女官和宦官不过是伺候皇帝一个人的奴仆而已。皇后以外的女官，如果有幸被宠爱并生下皇子，就会获赐贵妃、皇贵妃等称号及品阶。康熙年轻时所生的皇子，大多数都早夭，直到第五个出生的孩子成人后才被称为大阿哥，但他是庶出的。"阿哥"是满洲语贵公子的意思，大阿哥以下依次称为二阿哥、三阿哥，但在正式场合下则需称皇二子、皇三子等。

只有二阿哥是皇后亲生的嫡子。皇后因产后健康恶化，在二阿哥出生后不久就过世了。为了慰藉这段令人伤怀的回忆，康熙帝对二阿哥疼爱有加，两岁时就早早地封他为皇太子。当时的康熙帝才二十二岁，完全不必这般着急，事后想来也确实有点操之过急了。但无论如何，这位二阿哥就是清朝唯一的皇太子，也是经历了两立两废这一悲惨命运的主人公。此后的清朝皇帝都以此为戒，不再册立皇太子。

说来，康熙皇帝做梦都没有想到会迎来如此悲惨的结局。破除清朝旧习，生前就册立皇太子，无论是皇族还是大臣，都没有人反对，这也意味着清朝中国化的完成和中国式独裁君主权的确立。成为中国皇帝的康熙帝同时享受着安心感和满足感，心中必定是无比得意的，剩下的工作，就只有把皇太子培养成合格的皇帝了。从皇太子稍稍懂事开始，康熙帝就亲自教他读书，六岁时让他拜大臣张英、李光地为师，同时命熊赐履讲授中国哲学，长大后又选拔汤斌等名士为他辅导。如此，皇太子必将成长为精通满汉又弓马娴熟的有为青年，前途不可限量。如果历史真的这样发展，康熙帝大概可以作为一个慈爱的父亲，快乐地享受天伦之乐了。但是，人的贪欲是永无止境的。皇太子的恶劣品行逐渐在宫中传开，也传到了父皇的耳中。

康熙帝过于关心太子的生活，选拔的老师都是人世间一流的君子，以至围绕在皇太子身边的尽是一群顽固的道学老臣，这是他失败的第一步。深信近朱者赤，认为在正人君子群中长大的皇太子一定不会走上邪道,这是康熙帝的失算。对于血气方刚的皇太子来说,身边那群干巴巴的老头一定索然无趣,所以他渐渐对父亲选拔的老臣敬而远之,自己找起了玩伴。交友游玩自然需要费用,颇具野心的政治家们则常托皇太子在父皇面前打探各种情报,一旦有所斩获,就会付出巨大的回报。康熙帝出于对孩子的溺爱,放纵了皇太子在政治上的不忠,这是他的第二大失策。不知不觉间,皇太子俨然成了事实上的政治巨头。

这里稍提一下中国历史上的朋党政治。自古以来,中国的官僚地位就是一种资本,只要获得官位,自然财源滚滚。但为了维持官位,必须花大量的钱去打点各方,于是产生了由人情和金钱结成的党派,称为"朋党"。朋党在朝廷大臣中有大主子,中央到地方的官衙里有中主子和小主子,其他还有着数不清的党羽。官位的晋升,首先就要竭力侍奉好主子,然后才是政府形式上的决定和公布。

康熙帝在位的时代也不例外,朋党之风甚烈。出身满洲贵族的明珠,最早结党成为大主子,肆意收受贿赂,卖官鬻爵,到康熙二十七年,终于在监察官郭琇的弹劾下倒台了。

郭琇此人酷爱演戏,因此颇受世人喜爱。起初他只是吴江县的知县,因金钱上的丑闻而广受指责。后来到此地任上级官员的是民政长官汤斌,此人素以清廉著称天下,这回正打算大刀阔斧地惩治手下的贪官。郭琇立刻来到汤斌的住所刺探他的意向,他这样说道:

——下官收受贿赂,此事固然不假,但皆因上官索贿,迫于无奈而为之。大人为官清廉,天下无人不知。若是上官不再索贿一文,下官也从此不再收贿。请给下官一个月时间,其间必定彻底肃清本县的政治。

汤斌笑着答应了。郭琇一回到官衙,就命人把柱子和地板洗刷一新,然后召集僚属说道:

——昨天的知县已死,今天来的知县是重生后的郭琇,你们也随我一起重生吧!

从那天起,吴江县衙的面貌焕然一新。汤斌向朝廷报告了郭琇的优秀业绩,郭琇的手腕也逐渐得到了认可,最终被提拔为御史(检察官)。郭琇目睹了明珠的骄横,作为御史无法袖手旁观。但要与权势遮天的明珠交手,不用说这是一件豁出性命的大事。经过反复考量,郭琇决心背水一战。

二月六日正值明珠生日,全党成员都在明珠家中参加宴会。就在这一天,郭琇早早地来到朝廷递上了奏章,在弹劾明珠的奏章中,郭琇列举了明珠的八大罪状。紧接着,他又来到明珠府上。明珠见名士郭琇来访,喜出望外,带他到官员席中上座。郭琇悠然自得,仅仅点头示意,却没有正式问安。明珠似乎从郭琇的行为中察觉到了诡异:

——若有诗文为在下祝寿,愿一睹为快。

郭琇顿时正色:

——手中唯有弹劾你的书状。

郭琇说着就把弹劾状的抄本递到明珠面前。明珠捧起想读，却因双手颤抖无法卒读。此时郭琇终于冷静了下来：

——下官失礼，先自罚一杯。

说着端起身边的酒杯，满满斟上一杯，一饮而尽。在满座官员惊愕的目光中，郭琇悠然地离开了。

正面的宣传效果总是百分之百的。这段佳话当天就在北京城中传开，成为街头巷尾议论的话题。在明珠家中被郭琇看到的人，也没有一个敢站出来辩解。就这样，权倾一时的明珠倒台了。

接下来出现的朋党大主子是索额图。索额图出身满洲名门，还是皇太子生母的叔父，正适合成为政治寡头。索额图为了进一步稳固自己的地位，拉拢皇太子充当后盾，于是事情就变得复杂起来。谁都知道，皇太子将来会继承大统，早日向他靠拢才会对自己有利。讨好皇太子必须经过索额图之手，于是索额图的权势如日中天。大家都认为，与其对来日无多的康熙皇帝尽忠，不如讨好前途无量的皇太子，以及他的大管家索额图。但是，这样的行为，在天子独裁政治下是罪不可赦的僭越，只有天子才是政治的中心。天无二日，否则政治的运作就会陷入混乱。

在君主独裁制度下，皇太子也不过是一介臣子。他仅仅是皇帝的候选人，只是寄居在皇太子这个外壳之中，是不得干预政治的。皇太子忘记本分而成为政治巨头，这令康熙帝十分恼怒。虽

9

然皇太子已经年过三十,但在父亲眼中仍然是个孩子。这都是索额图的错,没有索额图就不会出这样的乱子。康熙帝于是决定将索额图免职,处以幽禁,因终不见悔改而赐其自尽。时值康熙四十二年,康熙帝五十岁。

康熙帝还是失算了。虽然索额图已被铲除,但以皇太子为中心的党派不仅没有就此消失,反而愈演愈烈。康熙帝已经越发衰老,一旦驾崩,就将迎来皇太子的新时代,不少人都在与皇太子暗通款曲。皇太子本人也毫无悔改之意,康熙帝是自己的父亲,也是自己母亲叔父的仇人。虽然无法知晓皇太子是否真的想到了这一层,但传入康熙帝耳中的,尽是关于皇太子心存怨念,不可掉以轻心的报告。这些报告同样传到皇太子耳中,独裁体制下皇太子的地位是极不稳固的,只要天子一声令下,就可以不费吹灰之力,也不受群臣的任何反对,举手之间便可废黜。在成为天子之前,皇太子不可能安心,但无论多么想成为天子,现在的天子不还是自己的父亲吗?

宫中流传着皇太子阴谋政变的传闻,康熙帝再也无法坐视不管,终于下定了废黜皇太子的决心。康熙四十七年九月,还在内蒙古布尔哈苏台旅途中的康熙帝,突然把以王公大臣为首的百官召集到行宫之前,并把皇太子叫来跪听废位圣旨:

——二十五年来,朕对汝之劣行视若不见,一忍再忍。只希望终有一天,汝能痛改前非,洗心革面。不料汝对索额图之事执迷不悟,视父有如仇雠。朕须时刻提防,此刻之汝是否有鬼魅附体,不知今日被鸠,明日遇刺。万一朕有不测,且不问一己之事,又怎可令祖宗盛业蒙污?汝不孝子,断不可予以太子之位。

宣读完毕后,康熙帝悲痛至极,伏地大哭。这当然是出自父子之情,但更多的则是作为全亚洲的帝王,其尊严遭到了无情的践踏,心中的愤懑之情无法遏止。康熙帝亲自提笔作文,向天地神明禀告废太子的苦衷。被废了以后的太子则被拘禁在宫中,失去了自由。

然而,康熙皇帝心中仍留有一丝希望。只要太子悔过,不仅他可以重回太子之位,朕也能挽回失去的名誉。太子又不是傻子,以此为契机改过自新又有何难?只要太子能改,本来就是父子之间,对今后也不会产生任何影响,还能够重建和平的家庭。等着吧!

事与愿违,康熙帝的乐观不仅没有得到回报,事态还进一步恶化了。比废太子年长两岁的大阿哥,见机悄悄对父皇说:

——父皇,二阿哥(废太子)活着终究是个祸害,请您做出最后的决断。

——那之后该怎么办?

——八阿哥堪当重任。

康熙帝听闻此言,顿觉天旋地转。他本以为,皇太子问题是自己与皇太子之间的事,和其他皇子没有任何关系,诸皇子不应关心这些,只要一切听从父亲安排,自己潜心于古典的学习就行了。但从大阿哥的口风来看,诸皇子都对皇太子之位虎视眈眈,暗中已经活动起来了,甚至还想杀掉成为他们绊脚石的废太子!大阿哥虽然愚笨,却还不至于推荐人品恶劣的八阿哥。其实大阿哥心中自信满满:除他以外任何人都没有资格当皇太子。

康熙帝的直觉告诉他,这是一件大事。

——把阿哥们都叫来。

集合起来的阿哥们以三十七岁的大阿哥为首,除废太子二阿哥外,还有三十三岁的三阿哥、三十二岁的四阿哥、三十一岁的五阿哥、三十岁的七阿哥、二十九岁的八阿哥,一直到二十二岁的十四阿哥,还有十几个年轻的阿哥,场面甚是壮观。

——八阿哥,朕问你,你想当皇太子吗?

八阿哥急忙跪下,想要辩解却又无从开口。但从脸色来看,显然是否认的意思。这时候出来答话的,反而是九阿哥和十四阿哥。

——八阿哥绝不会做那样的事,其间必定有什么误解,这一点我等愿意担保。

哼哼,你们果然有联络,康熙帝心中想着。你们有心为八阿哥做担保,却为什么不为皇太子做调解? 真是无情。皇太子的废立是为父的权力,皇子本不该参与其中,但你们却对废太子落井下石,还个个摩拳擦掌,暗中勾结,相互暗算。无论是向为父推荐兄弟,还是为兄弟做担保,都只是为了让自己获得认可罢了。康熙帝愈发觉得不满:

——够了,都退下吧。八阿哥留下。

　　康熙帝认定八阿哥就是觊觎皇太子位的幕后黑手，下令将他拘禁，但很快又发生了第二件怪事。大阿哥为诅咒废太子，竟委托蒙古的喇嘛僧，在十几个地点埋下了咒符。这是很久以前就流行的迷信了，但满洲、蒙古等开化较晚的民族特别相信其中的神秘力量。揭发这一阴谋的是三阿哥，于是下令到各处挖掘，果然在好几处挖出了人形木偶或其他渗人的证物。康熙帝虽然感到惊讶，却也为此松了口气。康熙帝是个聪明人，却在废太子的问题上一叶障目。废太子的所作所为，确实怎么看都是很可疑的，但这也许正像被魔力控制住了一般，也许真的被某种看不见的力量操纵了呢？现在终于明白了，废太子成了大阿哥诅咒的牺牲品。如此一想，康熙帝立刻对废太子充满了同情，在暂且拘禁大阿哥的同时，心中开始筹划为废太子复位之事。

　　某天，康熙帝偶然将群臣召集到了宫中。

　　——朕的阿哥中究竟谁最适合成为皇太子？朕想听听众卿的看法。

　　大臣们摸不清康熙皇帝的真意，不知该如何是好。正当众人面面相觑之时，不知何方传来了一个信号，正是一个"八"字。于是众人都在纸上写下了八阿哥的名字，交到了康熙皇帝的面前。康熙帝的期待落空了，心中更加抑郁。不能放弃，必须早做决断！于是他再次召集百官，在要求废太子发誓悔改后，解除了对他的拘禁。

　　——昔日太子失心狂暴之时，尔等竟无一人为之说情，现在却又来推荐八阿哥，究竟是何道理？

清朝世系略图

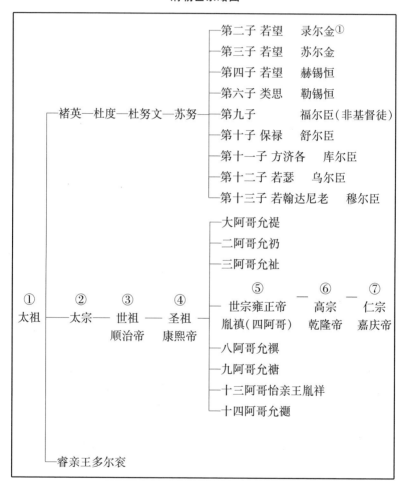

① 苏努诸子的名字汉译, 不同文献异写颇多, 此处据《aisin gioro da sekiyen mafa ejere biithe》(爱新觉罗宗谱)所载为准。该谱封面题字为满汉合璧, 正文全为汉字。

大臣们在康熙帝的怒斥下退朝。大臣马齐被认为是发出八字信号的元凶,死罪虽免,但必须闭门思过。大臣中只有李光地没有和众人一样写下八阿哥的名字:

——太子的行为必定是疾病所致,且好生调养,静等痊愈之日。

这样的回答正合圣意,因此得到了嘉奖。

第二年,即康熙四十八年三月,康熙帝再次立二阿哥为皇太子,报告天地神明和祖先宗庙后,下诏大赦天下。

但安稳的日子还没过多久,皇太子的恶行又死灰复燃。野心家们见太子东山再起,感到否极泰来的日子已到,一度中断的联络再次恢复,众人又集中到太子的周围。皇太子受到亲信之托,终于暗中在政治上有所行动。无论采用怎样的手段,将来都要登上皇帝的宝座。于是,太阳系中再次同时升起了两个太阳。

对此,皇太子的反对势力纷纷发出非难和中伤的声音。虽然具体的来源难以查证,但肯定是来自皇子兄弟之间。反响之声一浪高过一浪,皇太子企图政变云云,起初只是毫无根据的传言,但最终走到了弄假成真的地步。

有了上一次的教训,康熙帝拼命忍耐,只求圆满解决此事,为了讨好皇太子,付出怎样的牺牲都在所不惜。自己一旦离世,能够继承地位、财产和权力的,不就是皇太子吗?自己已经来日不多,现在的健康状况恐怕长不了,为父只求度过一个平和安稳的晚年。父子之间,难道连这一点都做不到吗?然而,就是这点最小的愿望都无法实现。先发制人,就在康熙帝犹豫不决的时候,皇太子一方的阴谋却在一步步进行着。

康熙五十一年,康熙帝再次废黜皇太子,将他拘禁在宫中。

——多年以来,朕一忍再忍。若是换作他人,朕终究无法忍耐至此。继续忍耐固非难事,但若祸及朕身,当如何向祖宗交代?溺爱子女,遂至累世英明毁于一旦,朕又该如何解释?

康熙帝的帝王自尊和荣誉再度受到重伤,心中的愤懑之情难以言表,终日闷闷不乐。曾经战胜过一切强敌的光辉帝王,在家庭生活中也能沦为一个可悲的失败者。这不是皇太子一人的过错,所有的皇子都是与父亲离心离德的不孝之子。

曾被叱责为何不替太子求情的朝廷大臣们,这次却争相劝谏康熙帝要慎重考虑,甚至有人为皇太子的将来立下了保证。康熙帝情绪激愤:

——朕初废皇太子之时,心中懊恼不堪。皇太子何罪之有?只因受恶人牵连而至于此。但今时不同往日,罪名全在皇太子一人,不孝之人理当论处,朕反已释然。有关皇太子之事,今后不得再提!

虽然说得义正词严,但心中的痛苦却难以掩饰。由于再一次的精神打击,康熙帝的身体状况江河日下,六十岁后更易患病,闭门不出的日子也越来越多。壮年之时能开五人之弓、射二倍长箭、百发百中、威猛潇洒的豪迈天子,怎么也没想到自己的晚年竟是这般凄惨。

康熙帝虽然命皇子和大臣们不得再提皇太子之事,但心中却一天都没有释怀过。康熙五十七年,康熙帝突然命式部官调查与皇太子相关的仪式。朝廷中顿时热闹起来,甚至有人猜测,皇帝又有了册立太子的意图。综理厅的秘书官朱天保急忙给康熙帝上书,恳请将废太子再度册立为皇太子。

康熙帝被激怒了,叫来朱天保厉声责问道:

——近日废太子小心谨慎,再度发扬与生俱来之美德。这样的情报究竟从何而来?

朱天保无言以对,因为禁闭中的皇太子是无人可以接近的。

——其实是家父朱都纳与姐夫戴保商量定下此案,以微臣的名义上奏。

责问之下,朱天保一五一十地坦白招供了,康熙帝则越加愤怒:

——你这厮不仅不忠,而且不孝!

不久,朱都纳也被叫来,朱都纳坦然承认自己的罪行:

——一切都是微臣的过错,将臣处以凌迟也无妨,朱天保是微臣的独子,请您高抬贵手。

康熙帝冷笑道:

——关键时刻招供自己父亲的过错,这样的不孝之子留他何用? 想凌迟倒是不难,但在此之前,先好好看着这不孝之徒的人头落地吧。

被触痛旧伤的康熙帝变得格外残忍,朱天保及其姐夫戴保被押赴刑场斩首,老人朱都纳被迫在刑场观看行刑,后因年老被免除了死刑。

恰在这时,边疆告急。占据蒙古西北的准噶尔部猛将敦多布翻越群山和沙漠,从无路的旷野长驱直入西藏,中国的西北边境在准噶尔部大军的进攻下岌岌可危。康熙帝任命十四阿哥为大将军,率领大军前往征讨。十四阿哥当年三十一岁,血气方刚。康熙帝认为十四阿哥的风貌最像自己,因此格外钟爱,任命他为大将军,也是为今后册立皇太子所做的准备。如果十四阿哥立功凯旋,赏赐皇太子之位是非常自然的事。说来,当时的后宫中没有皇后,妃嫔之间也同皇子间一样处于群雄割据之中。其中,十四阿哥的生母是个非同小可的老辣之人,众妃嫔都十分忌惮她。

出征的第三年,十四阿哥就在青海地区击败敌将敦多布,一路平定了西藏地区。十四阿哥本人虽没有冲锋前线,但作为总指挥官,肩负重任的同时也有将大半功勋占为己有的特权。然而,康熙帝等不到十四阿哥的凯旋了。康熙六十一年十一月,康熙帝的健康急剧恶化,北京的诸皇子都被叫到了父皇的枕边。十四阿哥的同母兄弟四阿哥,此时正受父皇委托在南郊祭天,沐浴斋戒中的他在得到急报后星夜赶回。召到康熙床前的总共有三阿哥、四阿哥、七阿哥、八阿哥、九阿哥、十阿哥、十二阿哥、十三阿哥八人,大臣只有隆科多一人。

正当众人各怀鬼胎,屏息守候在父亲临终的病床前时,隆科多被叫到康熙帝的身边,授以指定继承人的旨意。出乎众人意料,那个人竟然是四阿哥。

四阿哥继康熙帝之后登上了皇位,他就是雍正皇帝。

二 你是狗,你是猪!

皇子间围绕立太子的争斗终于画上了句号。如今的四阿哥雍正皇帝,已经不再是其他阿哥的兄弟,已经成为一代君主。雍正帝原名胤禛,兄弟名中都有胤字。但根据中国古老的习俗,天子的名字是禁忌,严禁说出来或写出来。虽说本是兄弟,但如今已为君臣,不能再与天子同名,于是雍正帝颁布特别敕令,将阿哥们名字中的胤字全部改成允字。中国式的独裁君主是没有兄弟的,即便观念中有,现实中也不存在。因为一旦到了皇帝面前,兄弟也都变成了臣下。所以,君主的眼中只有臣下,除此以外没有任何人。是否成为天子,将会截然改变兄弟们的命运,这就不难理解康熙帝的皇子们为什么拼死争夺太子之位了吧。

雍正帝即位后,世间为之一变。实际上,康熙帝六十一年的在位时间有些过于漫长了。一个独裁君主统治六十多年,政治上难免会出现因循守旧的地方。人民也好,官吏也好,总是抬头仰望同一个皇帝,心中必定无聊至极。如今,万民正怀揣着崭新的期待,一同注视着新帝的一举一动。

　　第二年正月初一,年号改为雍正元年(1723)。新帝当时四十六岁,他的壮年时代都是在书斋里度过的,但他却是一位深刻理解民间疾苦的君王。学问艺术无所不精,尤其在禅学上造诣颇深,甚至有人说他能够参透其中的深意。宫中有着生母皇太后的严密管制,妃嫔和宦官都谨小慎微。亲弟弟十四阿哥掌握着西部边境的大军,其麾下掌握实际军务的总督是年羹尧,他的妹妹正是雍正的后宫,恩宠仅次于皇后的年贵妃。由此看来,即位之初最容易出现的军队动摇、民间动乱等问题,雍正帝都无需考虑。虽然天子轮替,但世间的确平安无事。在这样太平世道中,又会发生什么呢?

　　中央政府在新帝登基的同时,还设立了最高政治会议,任命四名最高委员,分别是八阿哥、十三阿哥、大臣马齐和隆科多。雍正帝建立在举国一致之上的统治可谓固若金汤,外部看来几乎是插不进一根针了。

　　尽管如此,来源不明的风闻却在世间流传着。据说雍正帝的即位并非先帝的遗愿,而是一场阴谋。康熙帝临终之际,将隆科多叫到身边,用笔在他的掌中写下"十四"二字,令他向众皇子展示。也就是说,理当即位的人是十四阿哥。但隆科多已经被雍正收买,用手指挡住了十字,只展示四字,这才使得四阿哥继承了皇位。还有人说,十字是被隆科多用舌头舔掉的。还有人说,康熙帝在纸上写下了"传位十四阿哥"几个字,雍正帝偷到后将"十"字改成了"于"字,就读成了"传位于四阿哥"。

面对这样的流言，也有人站出来为雍正帝辩护。

非也非也，雍正帝即位乃是顺理成章之事。康熙帝的诸皇子中，大阿哥已因诅咒皇太子而遭拘禁，二阿哥自然是废太子，三阿哥天生愚笨不得人心，接下来不就轮到四阿哥了吗？而且新帝与父皇有着特别深厚的感情，除太子外的诸皇子幼年都交由大臣家抚养，唯独四阿哥直到成人之前都在宫中，由第二皇后抚养长大，可见先帝对四阿哥的秉性是寄予厚望的。如果先帝有意传位于十四阿哥，又怎会将心爱的皇子送到千里之外呢？先帝驾崩前，屡次派四阿哥查验仓库，或举行祭天仪式，这些都是有意传位于四阿哥的明证。

各种风闻和谣言弥漫于街头，但出于人情，人们似乎对不利于雍正帝的风闻更有兴趣。任何时代都会有对成功者的嫉妒和对权力者的反感，但风闻持续不断就必定另有隐情。雍正帝认定，谣言的源头就是八阿哥。

八阿哥虽是最高委员的四人之一，但他绝不是胜利者。雍正帝对八阿哥维持着表面上的尊敬，但受到优待的八阿哥却越发觉得不安。无论出席政府会议还是走在路上，甚至是在家休息的时候，总是感到身边有雍正帝派来的密探。不，所有人都随时可能倒向得意的雍正帝，成为刺探自己动向的间谍。最高委员会中的另一个兄弟，十三阿哥就是其中之一。

八阿哥和十三阿哥是同时获赐亲王爵位的，八阿哥为廉亲王，十三阿哥为怡亲王。清朝的皇子不是每个人都能成为亲王，

21

只有爵位不断上升才能达到亲王之位。获封亲王爵位后,八阿哥的亲戚旧交前去祝贺,八阿哥却愁眉不展地答道:

——何喜之有?本王项上人头都已难保。

八阿哥无意间流露出的这句意味深长的话,被雍正帝的密探听到了,传到了雍正帝的耳中。

——无礼之徒,不可饶恕!

雍正帝决心已下。虽然是兄弟,但如今自己荣登大宝,兄弟也已变成君臣。身为臣子,却扬言对君主的不满和反感,简直就是乱臣贼子!即便是兄弟,也不能放过,否则如何要求万民尽忠?

——但是,且慢,且慢,眼下的时机还不成熟。在彻底露出狐狸尾巴之前,唯有静待时机的到来。炸弹爆炸之前,只有捧在自己怀里才是最安全的。

雍正帝若无其事地礼遇着八阿哥,还委以各种重任。但对于八阿哥的一举一动,自然是从各个角度进行着严密的监视。八阿哥最初被委派的重任是监造先帝山陵,他深知雍正帝喜欢节俭,所以尽可能压缩工程的费用。筑陵所需的褐土以往都是从北京运来,但由于运费过于昂贵,就使用了当地的褐土。

——怠慢先帝的山陵工事,是想让朕背负不孝的罪名吗?

八阿哥的想法反而遭到了雍正帝的呵斥。接着是管理御料牧场,八阿哥认为牧场中驽马过多,应该加以裁汰。

——你是暗指先帝的做法骄奢吗?万一天下有变,马匹断然不会嫌多。

　　八阿哥再次遭到了斥责,终于渐渐地没了干劲。接下来又委任他负责对宫内省的人员进行整顿,这样的差事,稍有不慎,就会招来众人的怨恨。最初的整理计划被斥为过于姑息,可一旦狠下心来大刀阔斧改革,又遭来强烈的反弹,宫内省的人员纷纷对他举起了反旗。虽然赶在酿成暴动之前骚动就被镇压了下去,但雍正帝听后,心中也不安稳,认为这只是结怨天子的戏码,甚至骚动本身都可能是八阿哥在背地里一手煽动的。

　　对于八阿哥来说,反正已经被怨恨了,听说被指为煽动者,也丝毫不加否认。这样的态度同样引起了雍正帝的不满,没有比被对手无视、默默认输更令人厌恶的事了。稍加调查后,八阿哥煽动骚动之事果然无根无据。雍正帝推测,担下别人的罪名,或许是为了博取人气和世间的同情。于是,八阿哥被要求指认经常出入自己府中的人。借助府上厨师的记忆,八阿哥一共交代了五个人。讯问发现,这五人都与骚动毫无关系,甚至还有不在场的证明。如果贸然抓捕这些人处刑,舆论不仅不会指责八阿哥,还反而会非难天子的过失。八阿哥终于成了雍正帝的眼中钉,因此被剥夺了亲王的身份,贬为一般的皇族成员。

　　为调查先帝的事迹,八阿哥被要求交出康熙年间获赐的诏书和宸翰,但他无论如何都不肯答应,只说是家人不慎将这些东西混进其他文书中一起烧毁了。康熙的宸翰中应该会有在皇太子问题上对八阿哥的训斥,雍正帝自然十分想要;八阿哥当然不愿因此在朝廷编纂的史书中留下恶名,所以无论如何也不肯交出。

不管来人催多少遍,得到的都是同样的回答:

——天地可鉴,绝无半点虚言。若有半句虚言,一家皆遭天谴。

雍正帝终于发怒了:

——竟然敢说"一家",大清朝上至天子下到皇族均是一家,你这是在向天祈祷亡我大清吗?这样的人怎能名列皇族之中?

八阿哥因此被剥夺了皇籍,降为一介平民。但雍正帝仍不满意,把他监禁在宫内省中特设的牢房中。八阿哥也开始自暴自弃起来:

——我以前一直食欲不振,那好,从今天起就让我吃个够。我要加倍保重自己,尽可能地活下去。在被杀之前,就算啃石头也要活下去!

雍正帝听说后更是怒火中烧:

——那人已经不是皇族了,一介平民怎能用皇族之名祸害其他兄弟?去问问他本人,想改成什么名字?

使者领旨前来询问八阿哥,八阿哥面不改色,只说了一句:

——狗。

——那你就变成狗吧!

雍正帝立刻决定称八阿哥为狗。满洲语中把狗叫作阿其那,从此朝廷中不再称他为八阿哥,而是称他为阿其那。

雍正帝也有他自己的苦衷。在独裁君主制下,所有的人际关系都必须首先建立在君臣关系之上。无论父子、兄弟还是朋友,在君臣关系面前都必须失去它们的价值。雍正帝与八阿哥曾是兄弟,但既然雍正帝已经成为天子,那么两人的关系必须首先是君臣,其次才是兄弟,而不是相反。独裁君主制下,独裁是君主的义务,哪怕是自己的兄弟,对于忽视君臣关系的人,都必须告诉他君臣关系的重要性。中国有句谚语:教不严,师之惰。如果不实行严厉的教育,师长就要被处怠慢之罪。既然身处独裁君主之位,若不够称职,就是君主的怠慢。事实上,如果对自己的兄弟都无法实行独裁,又如何能成为统治万民的独裁君主呢?

话虽如此,雍正帝对八阿哥的迫害也有些过头了。不同于雍正帝的严厉,八阿哥一直以宽厚长者的形象受人们称道。世人的同情渐渐倒向八阿哥,也不是毫无道理的。

各种谣言在坊间流传:

——十月作乱,因八佛。……雍正加害,八阿哥受难。军民怨新主。……军民同蹶起!

十月是雍正帝出生的月份,八佛自然就是八阿哥,因性格温厚,常常被冠以佛的美称。听到这些传闻后,雍正帝心中十分不安,但表面上还是要保持冷静:

——竟有如此凶暴、狡猾、阴险至极的佛!简直闻所未闻。是不是真佛,来听听舆论的声音吧。

所谓舆论,无非就是召集文武大臣到朝廷上议论。百官遵照雍正帝的指示,召开了特别裁判会议,审判阿其那的罪行,结果列出了四十条弹劾的罪状。雍正帝由此下达了最后的判决:

——阿其那所犯种种恶行,皆为使朕恼怒。朕若对之加以刑罚,天下愚者便会由此给朕加上恶名。这是阿其那的阴谋,朕不上他的当!

于是下令八阿哥和从前一样,继续在牢房中过着单独监禁的生活。

与八阿哥受到同样迫害的,是与八阿哥最为亲近因此也最遭雍正帝厌恶的九阿哥。康熙帝临终之时,九阿哥的生母宜妃曾想赶赴康熙帝的枕前,却与雍正帝的生母德妃发生了激烈的争执。雍正帝即位后,在把亲弟弟十四阿哥召回京城的同时,又把九阿哥派往西宁。当然,他的身份不再是大将军,而是交由雍正帝的亲信年羹尧监管,最主要的目的就是切断他与八阿哥之间的联系。

在年羹尧的监视下,九阿哥的待遇与囚犯无异,他的一举一动都会被密探报告给雍正帝。雍正帝派楚宗前来视察时,九阿哥说道:

——我对当今的世道已经没有任何的期求和野心,只想弃世出家,求求你给我一点自由吧。

雍正帝听到使者的报告后,抓住他的话柄不停地诘问:

——出家后就不是兄弟,弃世后就不是君臣,你这是想抛弃兄弟和君臣的身份吗?

九阿哥还偷偷给北京的十阿哥送去书信,途中被人截下,信中写道:

——错失良机,以致于此,后悔莫及。

这话可以作任意解释,雍正帝当然会解释为其中有什么阴谋。书信暴露后,九阿哥开始用暗号和北京的家人通信。九阿哥对基督教饶有兴趣,与西洋传教士也有交往,特别是葡萄牙传教士穆敬远。九阿哥被派往西宁时,穆敬远也随之前往。但白天要掩人耳目,到了晚上从窗子里爬进去。也许九阿哥已经悄悄接受了穆敬远的洗礼,所以他和他的子女认识西文也不足为奇。从此以后,他们就用西文在北京和西宁之间保持联系。

九阿哥之子从北京送往西宁的密函,虽然慎之又慎地缝在衣服中,但还是被看守城门的官吏发现了。他们找来西洋传教士认字,却被告知不认识这样的文字。

——朕并未禁止九阿哥与家人通信,如此使用暗号又缝入衣中,必定是里通外国,心怀叵测。速去调查,据说九阿哥身边的宦官藏有重金,其来源也要一一查明。

宫内省秉承雍正帝的旨意,决定剥夺九阿哥的皇室身份。开除皇族就必须改名,被问到要改什么名时,九阿哥的回答没有令雍正帝满意:

——就叫猪吧。

于是九阿哥被改名为猪,因为他身材肥硕。满洲语中的猪念做赛思黑,以后九阿哥户籍上的名字就成了赛思黑。兄长阿其那被带往特别最高裁判会议时,赛思黑也一起接受了审判。弹劾阿其那的罪状有四十条,赛思黑也有二十八条。当赛思黑要被再次

遣往西宁边境时,他说道:

——对我来说,越远越好。

这话传到雍正帝耳中,反而把他囚禁在了离京城不远的保定府监牢中。雍正四年八月,秋风乍起之时,阿其那患痢疾而死。病危消息传来后,雍正帝仅仅同意派大夫前往诊断,但大夫赶到之时已经来不及了。

——一定是他的罪孽惹怒了上天,祖宗代替朕下达了惩罚。

雍正帝喃喃自语道。接着,赛思黑也在当年九月病死。两人接连在狱中死去,这又引发了种种猜测。大街小巷都在流传,莫非是监狱的官吏采取了什么手段?

雍正帝的亲弟弟十四阿哥,最终也没能逃过迫害。虽然是同胞兄弟,但两人相差十多岁,从一开始就不太融洽。雍正帝即位后,立刻把十四阿哥召回了北京。

大将军十四阿哥平定青海立有大功,返回都城时准备举行隆重的凯旋仪式。临近北京时,他还派人向政府确认凯旋仪式的情况。雍正帝大怒:

——不经天子允许,擅自举行凯旋仪式,岂有此理! 难道不知正值国丧吗?

独裁君主的眼中没有亲弟弟。在宫中朝见时,十四阿哥准备采用兄弟间的礼仪问安,但雍正帝却要求以臣下之礼。看到十四阿哥不肯跪拜,雍正帝令侍从架起他的双手,把他强行摁倒在地。

——这是迎接将军凯旋的礼节吗?

十四阿哥也激愤了起来。

——此乃谒见天子之礼。

雍正帝回答道。心想这样的弟弟不能留在京中，于是派他去给康熙帝守陵，远离北京城。由于后来还是传出了十四阿哥阴谋叛乱的风闻，十四阿哥被处以原地拘禁，直到乾隆帝年间才重获自由。

雍正帝对兄弟的迫害，的确有他无奈的一面。虽然雍正帝的行为有时也不乏嗜虐的倾向，但在独裁君主制之下，这也是为履行独裁君主的职责而身不由己的选择。更加令人惊讶的是雍正帝强韧的神经，他对不可能臣服于自己的兄弟们展开了心理战。八阿哥和九阿哥终究不是他的对手，他们时而失态，时而兴奋，在不断精神分裂的过程中，被始终保持冷静的雍正帝一步步逼入了绝境。雍正帝长在深宫，又拥有皇族的身份，形成这样的性格尤其可贵。或许是他四十五年闭门不出，其中又卷入兄弟间围绕皇位继承的战争旋涡，才练就了这样特殊的性格吧。

虽然最终获得了胜利，但雍正帝也付出了太多的心血，所以他不愿看到自己的孩子重蹈覆辙，这才有了所谓的"太子密建法"。

雍正元年八月，雍正帝召集诸皇子和大臣，宣布道：

——古来皇太子中多出不孝之子，这都是因为被立为皇太子后，本人精神松懈，失去了学习和修养的意志。怀有野心的官吏也认为太子就是将来的天子，争相前往笼络。结果使皇太子心生倦怠，流于奢侈，陷入歧途。历史上的明君常常为皇太子的骄纵而苦恼，就连先帝也苦于废太子之事，一切都是皇太子制度的错。但天子总有驾崩之日，定立后继者是必须之举。因此，朕有一策。朕此时心中已经定下后继者的人选，但是秘而不宣，只将名字写在纸上，放入小筐之中，小筐置于乾清宫御座上方"正大光明"匾额之后。若朕所选之人，日后走上邪道，朕会立刻改换人选。朕若有万一，未指定后继人就驾鹤西去，众皇子和大臣可一同打开小筐观看。其上所写姓名之人，就是皇位的继承者。

雍正帝设计的新方法着实巧妙，有清一代都严格遵循，所以再也没有出现愚笨的天子。为了成为天子，诸皇子必须拼命磨砺、修养以获得父皇的认同。某种意义上说，这也意味着独裁政治已经渗入了家庭内部。即使是在家庭之中，诸皇子在父皇面前也都是臣子，一介臣子要想成为继承人，就必须不断地接受考验。真正的独裁君主没有家庭生活，无论何地都只有君臣关系，连家庭中的父子情谊都无法拥有。此后清朝不再有皇太子，唯一的例外就是雍正帝的儿子乾隆帝，他太想成为中国式的君主，所以在即位的第六十年就册立其子嘉庆帝为皇太子，并立刻让位给他，自己则闲居当起了太上皇。

在此，我们只关注了雍正帝对兄弟的迫害，却忽视了他对其他兄弟的关爱，这不能说是公平的态度。在八阿哥和九阿哥的悲剧中，他们与雍正帝一样，或者说比雍正帝更有责任。他们太执着于满洲时代朴素的家族制度，父子兄弟一同分享喜悦和忧愁，认为君臣等他国流俗拘泥形式，与国粹背道而驰。这样的想法当然不能被已成为中国式独裁君主的雍正帝所容忍。雍正帝坚信，只有采纳中国人的巧妙统治，才能保障满洲人的安泰。如果兄弟中有人怀有共鸣，并且以身作则，努力表达出帮助他成为独裁君主的好意，雍正帝就没有理由不感激他。十三阿哥怡亲王就是其中之一。

十三阿哥比雍正帝小八岁，雍正帝虽与十四阿哥不合，却把十三阿哥作为心腹。十三阿哥从众阿哥中脱颖而出，谨慎忠诚地服侍着雍正帝。他同时兼任九个职务，为此孜孜不倦，特别是在肃清户部纲纪时最为劳神。有时，雍正帝会在群臣面前颇为自满：

——自怡亲王担任总裁以来，以往被称为伏魔殿的户部焕然一新，再无官员收受贿赂。若有怀疑，卿等可前去一看究竟。

——朕对大臣向来用人不疑，但若比起怡亲王，那可不能相提并论。怡亲王将千百人团结成一体，朕对他的信任无与伦比。

怡亲王死于雍正八年，雍正帝悲痛至极，茶饭不思，夜不能寐。

——怡亲王忠心侍主，八年如一日，历史上曾有过这样的贤王吗？此前怡亲王曾避朕名讳，将名中一字改为允字，现准其改回胤字。

雍正帝命令式部官在祭文中使用胤祥的字样，这意味着怡亲王从臣子重新被升格为骨肉兄弟。独裁君主终究也是渴望兄弟的,但仅限于怡亲王般八年如一日任劳任怨、超越臣子忠诚侍奉君王的兄弟。只有成为臣子的兄弟,才会被独裁君主视为兄弟。兄弟不是生来就有,而是天子赐予的,这就是独裁政治下独特家庭的生活风貌。

三　对基督的誓言

为贯彻独裁,君主失去了家庭生活,当然也无法拥有亲戚关系。清朝从满洲进入中国后,政治形态逐渐中国化,但社会中仍保留着浓厚的满洲色彩,尊重家法就是其中之一。在满洲贵族中,有一支比现任皇室更接近正宗的嫡系,那就是自尊心高昂的苏努一家。

苏努的血统出自清朝始祖太祖皇帝的长子褚英,褚英是一名勇敢善战的将军,经常帮助父亲建立战功,理应继承父亲的地位。但是,这对年龄相近的父子却在中途出现了矛盾,原因可能来自太祖的后妻。太祖逐渐将势力伸向整个满洲,从原本的敌国叶赫部中迎娶了妻子,并册立为皇后。叶赫部不是纯粹的满洲族,有着浓厚的蒙古人血统,但叶赫部是满洲族一流的名族,作为暴发户的太祖望尘莫及。太祖将叶赫部出身的后妻立为皇后,并对其诞下的第八皇子宠爱有加,这不单纯是被年轻妻子的美色所引诱。褚英出生时,太祖不过是满洲一部的族长,如今的太祖已经名扬整个满洲,必须站在高处号令人群,立场今非昔比。从政策上来说,必须利用叶赫部的名声。但是褚英不懂这些,他认为父亲忽视了纯满洲式的亲戚关系,一味地宠信新来的亲族。

褚英的旧满洲主义和父亲太祖的大满洲主义,不可避免地走向正面冲突。太祖拘捕了褚英,褚英在监禁中去世。褚英的子孙依次是:杜度——杜努文——苏努。

褚英的死,意味着大满洲主义的胜利。太祖死后,叶赫部出身的皇后所生的第八皇子,凭借高贵的母系血统,被众人推戴为皇帝,他就是第二代的太宗。此后,从顺治帝、康熙帝到雍正帝,皇后通常都是出自叶赫部。太祖的亲信家族反而被弃若敝屣,不为世人所知。

越是不为世人所知,就越对自己的家世充满荣耀感。苏努家族甚至认为,自己才是清朝的嫡系,因此蔑视现任的皇室。即便如此,他们也不是远离政治的超然存在。一旦远离了政治,就免不了被社会所葬送。苏努利用一切机会与政权接近,康熙晚年众阿哥暗斗时,他就曾担任八阿哥的参谋。雍正帝即位后,苏努家族自然因八阿哥之事受到了处罚,但他们仍不放弃作为嫡系的自尊,加上苏努的子女又是虔诚的基督教徒,这就加速了雍正帝对其一族的迫害。

雍正元年,苏努已是七十六岁的老人,也是清朝皇族中最年长的人。他有十三个儿子,除两人早夭外,其余都已长大成人,而且是年龄相仿的青年;女儿有十六人,大部分都已经结婚生子。

敕建天主堂
位于北京宣武门内,乾隆年间重建后的样子

一门全部皈依基督教,是从十多年前第三子苏尔金的精神烦恼开始的。

苏尔金曾对人生抱有很多的疑惑,他偶然听到基督教的教义,深深为之着迷,还派人到集市中搜集有关基督教的书籍,可是怎么也找不到。有人指引他前往西城的天主教堂,传教士送了他一本汉文的入门书。苏尔金的内心被这本书打动了,还常常与兄弟、亲戚讨论,如果出现不明白的地方,就亲往天主教堂请神父解答。兄弟几人不顾父亲的禁令,都成了未经洗礼的热心信徒。第十子舒尔臣曾作为一名队长随十四阿哥征讨准噶尔,临走前接受了洗礼,并获赠教名保禄。他的妻子也同时入教,教名是玛丽亚。第三子苏尔金两年后才受洗,教名若望。

正值康熙帝驾崩,雍正帝即位,九阿哥被派往西宁时,苏努的第六子勒锡恒和十二子乌尔臣奉命同行,他们趁机接受了洗礼,分别获得了类思和若瑟的教名。随着雍正帝对八阿哥、九阿哥的迫害不断表面化,苏努家族自然免不了受其牵连。雍正二年,苏努奉命举家迁往内长城以外的右卫。

年迈的苏努每天都在宫门口请求天子的宽恕,但是毫无结果。终于到了那一天,苏努家族不得不踏上路途。虽说是一家的搬迁,但家庭成员共有六十余人,加上三百人的奴婢,着实是一支大部队。一家人扶老携幼,朝着荒野之中的道路进发了。

右卫临近外长城,是一座接近张家口、有着五万人口的城市,也是屯有四万兵马的前沿阵地。即使如此,想找到一处可以容纳一家人的房屋还是颇费辛劳。以苏努为首的男子作为兵卒,必须在军队中从事劳动,但终究是原来的皇族,部队的将军意外地给予了优待。直到有一次,将军到北京谒见雍正帝,两人进行了长时间的密谈。将军回到驻地后,情况就急剧逆转了,苏努一家被下令迁往离右卫两里的沙漠中的乡村新堡子。此时的苏努一家好不容易在右卫找到了能够居住的房屋,刚用有限的资金预付了一年的房租,并修缮了破损的屋顶。

新堡子的生活比右卫更加凄惨,甚至无法防风避雨,薪炭也无处可买,年老的苏努不堪十一月的寒风,最终病故了。苏努是一位顽固的、以纯满洲血统为傲的古代武士般的老人,他不喜欢自己的孩子信奉外来的基督教,有时也会对子女们的信仰加以干涉,至少要求他们不可招摇过市。虽然苏努对子女的真情不无理解,但作为对外负有全责的家长,他的做法也是无可奈何。

苏努死后,他的孩子们终于可以无所顾忌地谈论教义了,家庭中的女性和多数奴婢也都在离开北京前就加入了这一信仰。

如今,他们在新堡子的家中设立礼拜堂,遇到基督教的节日,全家人则聚在一起虔诚祈祷。

除苏努一家外,右卫的军人中也有信仰基督教的家庭。有一位教名马可的退伍军人,常常往返于右卫和新堡子之间,与苏努家族保持联络,同时前往北京向传教士传达音讯。得知苏努一家的流放地后,北京的信徒开始计划前往慰问,鼓励他们坚持信仰。但是,苏努一家是以钦犯的名义流放的,慰问之事若是传到天子密探的耳中,恐怕事态会变得更加不利,所以一切都只能秘密进行。

苏努旧宅的附近住着一位教名托马斯的中医,他虽与苏努的贵公子们身份悬殊,却彼此都是亲密的教友。他从苏努旧宅的管理者手中接过现银五百两和一堆慰问品,踏上了危险的旅途。顺利通过了长城关口的检查,托马斯一路来到了右卫附近。为防止被人认出,他故意没有进入右卫,而是迂回着朝新堡子奔去,结果在途中迷失了方向。旧历三月,气候依然寒冷,又逢天气乍变,鹅毛大雪从空中飘落,呼啸的北风仿佛要将人撕裂。暴风雪中甚至看不清马头,握着缰绳的手也已经完全冻僵。

茫茫大漠中,托马斯迎着暴风雨漫无目的地飞奔着。眼看着太阳已经下山,要是今夜不能到达目的地,铁定会冻死在这里。但是已经没有退路了,唯有随着马的直觉前进。突然,马停了下来,托马斯差点被摔倒在地。一堵漆黑的围墙挡在了前方,旁门被打开,只看见一个黑色的人影。

——是谁？

仿佛从那里传来微弱的声音。

——是我。

托马斯不敢报上姓名，只是低低地回应了一句。

——什么人？

——是我，请让我进屋。

黑色的人影默默地把马匹牵入屋中。托马斯从马上下来，此时他的下半身早已失去了知觉。这一家的男人透过门洞的亮光认出了托马斯，高兴地上前拥抱。

——托马斯，你从哪里来？

那人正是苏努的次子若望·录尔金。兄弟们也都闻声聚了过来，大家都为这份从天而降的天使礼物欢呼雀跃。多亏这场暴雪，才得以掩人耳目平安到达这里，一定是神明的指引吧。在两天的讨论中，托马斯得知了苏努临终的情况，以及他们的母亲在兄弟们的感动下最终接受了洗礼，沐浴着神明的恩宠追随丈夫而去的事情。长期停留怕会引起人的注意，托马斯第二天就踏上了归途。虽然贫困至极，但他们还是馈赠了银两，但托马斯坚持拒绝，紧紧握手后独自离开了。

苏努的六子类思·勒锡恒和十二子若瑟·乌尔臣此前曾跟随皇弟九阿哥赴西宁，此时为父亲服丧被送回了新堡子。除丧后，朝廷开始了对九阿哥的裁判，两人也被作为共犯带回北京接受审判。

　　二人身上都加上了九把锁,满身镣铐地被押上囚车送往北京。裁判前所未有的严厉,结果两人都被判处终身监禁。高高的狱墙将两人与外世隔绝,离地五尺高处有单间牢房的入口。牢房宽约六尺,进深十尺,犯人的脖子上和手上都挂着沉重的铁锁,只允许在牢房中来回行走。高墙中有一个小洞,食物就通过这个小洞递进来。

　　除类思和若瑟外,苏努的其他子孙也陆续受到了审判。他们带着镣铐被押回右卫城,将军已经下达判决,只是等待天子的裁可。苏努的次子若望·录尔金以下,还有第四、第九、第十、第十三子,以及总领之孙人,共计六人,被分别流放和监禁到不同的地方。其余人得到赦免,重新被送回新堡子。

　　就在此时,朝廷对基督徒的取缔变得严厉起来。自一百多年前耶稣会的西洋传教士将基督教传入明朝以来,信徒就不断涌现,康熙三十一年起,自由传教和信仰得到了认可。此后由于罗马教皇对中国的传统习俗缺乏理解,清朝也采取报复性措施,规定来到中国的传教士必须获得政府的许可,对他们的活动加以了限制。康熙晚年,更是下令禁止传教士在地方各省传教。但禁令并没有严格执行,各地的天主教堂仍得以保留,传教士的行动自由也没有受到太大的束缚。

　　雍正帝即位后,形势为之一变。如其他领域一样,宗教政策也由放任转为干预。外来宗教都不得不销声匿迹,镇压和迫害的时代到来了。基督教起于西洋社会之中,无论教义还是实践,自然是脱离了中国的传统思想和习俗,属于另类的存在。若在中国的理念中推行中国式的君主独裁,基督教必定被视为障碍。尤其是基督教承认妇女的人格,把她们当作独立的信徒,可以自由出入教会,这与中国的旧思想非常抵触。不仅限于基督教,对佛教也有同样的非难,妇人去寺院参拜往往是被法律禁止的。与妇人一同祷告,接受教诲,这就乱了中国圣人男女有别的教诲。信徒们相互帮助意味着组织结社,长此以往,必定会发展成中国历史上屡见不鲜的叛乱核心——邪教性质的秘密结社。人们自发结社,将教义凌驾于国家法律之上,尊奉教主超过天子,甚至愿意为宗教而献身,这是对君主权力的极大侵犯,与独裁制度水火不容。

早在雍正元年,福建地方上就发生过官员迫害基督徒的事件。以此为开端,雍正帝再次颁布诏命,要求全国各地的传教士都集中到北京来侍奉朝廷,否则就退回葡萄牙的领地澳门。西洋传教士的布道事业,由此遭遇了致命的打击。

这份诏命还要求误入歧途的教徒迷途知返,尤其是知识分子要率先配合执行。雍正二年,雍正帝接着发布了堪称清朝教育敕语的"圣谕广训"。这一训诫是由康熙帝下达的十六条人民心得扩展而成的,其中将基督教列为异端,训诫受其引诱的人民勿忘本分。不过,雍正帝还不认为基督教是危险的邪教,教徒们只要表面宣称放弃信仰,就不会遭到进一步的追究。但麻烦的是,基督教徒有着不能说谎的信条,在压迫或迫害面前违心地宣布放弃信仰,那是最可耻的软弱行为。于是,各地都发生了惨烈的殉教事件,苏努家族也在其中。

由于康熙帝的敕令认可信仰自由,政府也曾一度对普通大众不加干涉,但无法放任自流的是作为朝廷心腹的臣子,也就是满洲军人和士大夫、读书人。此前的审判就已经表明,苏努一家都是基督教徒,现在雍正帝下达了放弃信仰的敕令,并不断向地方渗透,苏努一家也不得不接受新一轮的宗教审判。

苏努家族十四岁以上的男子都被叫到了右卫城,命令宣称放弃信仰,但是无人响应。右卫将军迫于无奈,只好以有失家长之职为罪名,拘留了苏努的第三子若望·苏尔金,其他人暂时遣回新堡子,第十一子方济各·库尔臣主动提出愿与兄长一同拘禁。

他们的妻子听说这件事后,召开会议,决定把家族内的基督徒编成名册交给将军,名册中还包含大部分的奴婢。六名妇女代表来到右卫将军的官衙,官吏们面面相觑。

——此事与各位夫人小姐毫无关系,但若执意如此,就唯有和你们的丈夫落得同样下场了。

说着就把她们驱散了。苏努的孙子中有五个八岁以上的男子,他们来到官衙招供自己是基督教徒。

——向基督宣誓必须年满十四岁。

右卫将军无法处置,只好一边向朝廷汇报,一边把年长的若望·苏尔金和方济·库尔臣分别送往北京,交由最高裁判会议处理。

此时,被监禁在北京的类思·勒锡恒和若瑟·乌尔臣兄弟也被胁迫放弃信仰，两人都坚决不愿服从，若瑟·乌尔臣的态度尤其强硬。最早接到雍正帝密令的皇兄三阿哥和其他大臣一起，把乌尔臣拖出牢来，软硬兼施地劝他放弃信仰。

——我曾向神宣誓，要像侍奉天子那样崇尚神明。如果我的行为触怒了天子，自然罪当万死，但绝不可能改变誓言。

大臣们无奈，只好把若瑟·乌尔臣的话转达给了雍正帝，同时奏请施以更重的刑罚，但雍正帝却命令他们再次与若瑟·乌尔臣相见，劝他改变心意。参与这次动员的官吏就更多了，还在附近的佛寺中搭起了临时裁判所。若瑟·乌尔臣的随从听说此事，意识到为主人收尸的一天终于到了，于是都准备好了毡毯在庙门前等候。幸运的是，黄昏时分，若瑟·乌尔臣安然无恙地走出庙门，被重新带回监狱。当日，他再一次禀明了自己的信仰，断然拒绝大臣们的劝告。雍正帝听闻此事，把首席大臣马齐叫到跟前：

——立刻将他处死并非难事，但那不是高明的政治，必须让罪犯知道自己的过错。你们的讯问方法太愚蠢，才会反过来遭他戏弄。再去一次，这次要这样说：满洲人、中国人、蒙古人和西洋人，当作神来崇敬的都是同一个上天，只不过各国人崇敬的仪式不同而已。朕并非禁止他们崇敬上天，但他们作为满洲人，就必须用满洲人的仪式来崇敬。背弃祖先的传统，跟从西洋人的仪式，此乃大错。以错误的仪式敬天，反而是对天的侮辱，朕因此要他们悔过。

大臣们记下了雍正帝的话，第三次审问若瑟·乌尔臣。但是乌尔臣仍然顽固地重复着此前的回答：

——真正的信仰只有一个。我的信仰与侍奉天子绝不矛盾。神明教导我，要矢志不渝地尽忠君主。如果我放弃了这份信仰，反而成了欺瞒天子的罪人。如果说遵从西洋人的信仰就是西洋人之子，那么学习孔孟之道的人不就成了孔孟的子孙了吗？

大臣们束手无策，毒骂、诅咒、嘲笑、恫吓，所有侮辱性的话语都遭到了若瑟的反驳。报告传到雍正帝的耳中，雍正帝依然不动声色：

——信仰和政治必须区分开来对待。若凭信仰就宣判死罪，谋逆之时就没有可以施加的刑罚了，耐心等待他反省吧。

就这样，对若瑟·乌尔臣继续监禁。从新堡子被带来的若望·苏尔金和方济各·库尔臣也遭到了同样的拘禁，家族的财产全部被抄没。从北京到新堡子并不遥远，但所有的音讯都被隔断，家中的妇人孩子顿时陷入了困窘。北京的西洋传教士听说了他们的困境后，努力筹集资金和物品，秘密送往新堡子，但效果并不理想，于是又向本国请求募款。

与若瑟·乌尔臣一起关在狱中并照顾他起居的，是一个名叫马小儿的仆从。起初马小儿只是短时间随若瑟入狱，等待着其他人前来交接，但他一做就是两年多，任劳任怨地照顾着若瑟。当马小儿意识到自己的这份不自由的工作将会变成半永久性的时候，他失望得快要疯了，这时给予他安慰的正是主人若瑟·乌

尔臣：

——烦恼皆因不信神明而起。

若瑟·乌尔臣教马小儿祷告,每天早起反复吟诵记住的《圣经》字句。渐渐的,马小儿的心情平静了下来。若瑟·乌尔臣的样子纹丝不乱,时常快乐,对仆从也很亲切。虽然脖子上和手上的枷锁阻碍着他的行动,但也只有在换衣服和运动身体时才会有所感觉。

——我是罪孽深重之人,这份罪孽必须在今世偿还。

若瑟·乌尔臣总是这样说,也恪守着天主教的戒律,凡是肉类食物就全部让给马小儿。虽然狱中没有日历,常常会弄错日子,无法准确地进行斋戒,但这间牢房仿佛已经不再是监狱,而成了神圣的宗教道场。

由于苏努一家被没收了财产,作为主人私有物的奴婢马小儿自然也被赐给了其他主人。马小儿从牢房的工作中解放了出来,在经历了两年多的监禁生活后又重新回到了社会。但是,他并没有因此感到幸福,反而不愿意离开这位体贴的主人。他马上跑到西洋人的天主堂中接受洗礼,教名保禄,此后只要一有时间,就去监狱买通看守的军人,从高墙的小洞中看一眼主人的身影。对马小儿来说,这就是他唯一的慰藉了。

雍正五年的圣母升天节(阳历八月十五日)早上,马小儿跌跌撞撞地哭着来到了天主教堂,报告了主人若瑟·乌尔臣的死讯。三天来,若瑟·乌尔臣都没有取走从小洞口送进来的食物,士兵们也感到奇怪。十四日早上,番兵将若瑟·乌尔臣半裸的尸体拖到了门口,确认俯倒的他已经一动不动。官宪的验尸结果表明,若瑟·乌尔臣在死前大量吐血,仿佛是被灌下了什么毒药。马小儿直到今天早上才得知此事。几天后,遗骸被运往公共墓地火化,骨灰被随意地撒落在地面上。

中国人传教士罗萨里奥把噩耗带到了新堡子。苏努一家大门紧闭,中断了与外界的联络,所以只是秘密会见了与苏努家亲善的一个番兵而已。苏努家的妇女们纹丝不乱,她们欣喜又勇敢地认为,前往天国的日子终于临近了。这样的现象在过去的中国是不曾见过的,罗萨里奥也为之惊讶不已。

到这个时候,留在新堡子的苏努家一百九十四个奴婢已经被全部带往北京,分配给了各王公贵族,苏努一家的经济状况也进一步恶化。虽然法国传教士巴多明及时从法国获得了救援资金,并通过中国的信徒转赠给了他们,但新堡子的形势还在不断恶化。被剥夺了奴婢的苏努家只剩下六十二人,移居在十八间小屋子中。他们恳求官府,至少给予狱囚程度的伙食,但还是遭到了拒绝。家人因营养不良和天气严寒一个接着一个地倒下了。他们每个人连一件像样的衣服都没有,躺在泥地上靠几口稀粥来延续自己微弱的生命。

严酷考验的日子不知道过了多久,又迎来了一年的开始。雍正十一年春,有一位身怀军务的将军被派往内蒙古,归来的途中路经新堡子,正好看到苏努的家人从自己的井中打水。将军对他们的困境深感同情,回朝后就向雍正帝恳请赦免。这天不知吹了是什么风,雍正竟然马上答应了。流放各地的男子除二三人死亡外,全部赦免回归新堡子。悲惨的一家从分别以来,已经经历了八年的岁月。此后,他们重新以满洲军人八旗兵的身份,奉命前往各地的部队中任职。

雍正帝赦免了不惜违抗天子之命也不愿放弃信仰的苏努家族,其原因不得而知。也许是他们在接连失去了家族的领导者若瑟·乌尔臣和若·望苏尔金后,信仰逐渐动摇,或者表面宣称放弃了信仰,这些都无法知晓。不过,我却不那么认为。其实对于清朝来说,满洲人就是国宝。一旦天下有变,最可靠的还是满洲八旗军人。无论怎样独裁的君主,其权力都有一定的极限,雍正帝自然也深知这一点。如果无限延续过于严苛的迫害,也会有碍天子的名声,超越理性范围的弹压反而会危及独裁权力本身。总之,即便是雍正帝,在强硬的基督教徒面前也只能选择让步。

雍正帝本来就是将宗教和政治区别对待的。曾有臣子上奏称,伊斯兰教乃是外来宗教,恐怕有损国体,应当禁止。雍正帝却说:

——休得胡言。伊斯兰教和佛教虽是外来宗教,习俗各有不同,但若拘泥此等小事,还如何为政?

对于基督教,雍正帝也并不认为那是十分危险的宗教。只是他也听说了日本岛原之乱这件事,担心放任不管恐怕会成为政治上的障碍,所以才下达了禁令。

据说,有一个中国的基督教徒成为医生,还参军立下大功,归来时将授予要职,但拥有相同资格的人还有三个,所以只好引见给天子决断。到了那一天,基督教徒的表现令雍正帝十分满意,只是到了最后,雍正帝话锋一转:

——朕问你,你当真是基督教徒吗?

——正是如此。

那名男子毫不犹豫地答道,天子反而颇为吃惊。

——你是不是疯了?好好想想再答话。

——基督教乃是神圣之教。它教会我忠实、顺从以及各种美德。

雍正帝看着那个基督教徒,不作声地命令把四人都带了下去。本人坦然自若,听的人却战战兢兢,一名宦官在归途中拍了下那人的肩膀,悄悄对他说:

——你可倒大霉了,你的荣华富贵全泡汤了。

——即便如此,平时夸夸其谈地教育别人,一到关键时刻又怎样用谎言来欺瞒天子呢?

他的态度到最后都很坦然。第二天,这位基督教徒被带到了官衙,原以为落空了的任命书其实早就已经拟好了。

从这里也不难看出,雍正帝禁止基督教仅仅是从政治的角度出发的。如果是真诚的基督教徒,单凭不说谎话也可以得到提拔。权衡其中的利弊,宗教之事只需睁一眼闭一眼,选拔人才最为重要。只要努力贯彻信仰,本来就不太关心信仰的雍正帝也终

究会选择让步的。

话虽如此,能够坚持到底的苏努家族的信仰之深,耐力之强,实在令人惊讶。看来当时的满洲人都有这样的气质,此外,还与他们作为清朝嫡系的自尊心有关。近乎顽固的自信,有理走遍天下的信念,当时的满洲人正是凭借这些创造了清朝的霸业。但是,问题仅仅如此吗?

根据苏努第三子若望·苏尔金的招供,他们从第一次听说基督教教义到完全皈依,其间经历了十多年的岁月。这十多年可以说是烦闷的岁月,烦闷的根源自然就是基督教信仰与满洲固有的始祖神信仰之间的对立。清朝竟然能以不到百万的满洲人,统治着百倍于自己的中国人,这不都是来源于满洲神阿布海汗的加护吗?这样的神明对于他们来说是充满善意的神,有求必应,有难必救。固有的神明自然无法抛弃背叛,但也不能一直信仰下去。若望·苏尔金他们这样的疑惑,其实正是对祖先功业的疑惑。他们虽然以武力征服了中国,但这真的是正义吗?面对人口百倍于己,智能、技术远在自己之上的中国人,自己的统治和特权真的能够无限维持吗?如果是满洲之神,只要不加懈怠地奉献牺牲,他就会高兴地承诺你"千秋万代"吗?但承诺越是肯定,他们就越感到不安。

正在此时出现了别的神,那不是仅限于满洲人的神,而是号称从混沌中创造了宇宙,从宇宙中创造了人类的神明。这样的神明绝不会只为一个民族或一个个人,而是要为全人类执行正义。这样的神明是不能靠供奉牺牲或其他小动作来讨好的,只有靠虔心地侍奉。无论满洲人、中国人还是西洋人，在这位神明面前都是相同的人类。究竟应该固守作为中国征服者和满洲贵族的世俗性荣耀，守护满洲固有的神明，还是抛却所有的骄傲，在全人类之神面前顶礼膜拜，受到平等的对待呢？这就是他们烦恼的焦点。

他们最后的结论是，不是作为满洲人，而是作为人类活着。他们抛弃满洲的民族神，皈依了真神。那么，他们是不是把作为满洲民族的骄傲和历史也全部抛弃了呢？并非如此，他们终究是满洲人，所以深爱着自己的民族。但是他们知道，如不先放下满洲人的身份，就无法拯救满洲人。向着那些傲慢的征服者、特权阶级、耽于奢侈安逸的贵公子们发起诅咒吧！骄奢淫逸者必不长久。如果不能为满洲人找到真正的生活方式，他们就会像以色列十族那样，最终消失得无影无踪。他们不得不在命运面前颤抖，在满洲人的骄傲与人类正义感的对立中，他们通过入教而寻找到了答案。外部的迫害越是惨烈，他们就越感觉接近神明的恩宠，信仰也就越发坚定。对此，雍正帝也不得不选择退让，唯有主动收手。

无论如何，他们在迫害面前不屈不挠的信念值得赞赏，其中体现了当时满洲人气质中的真正价值。虽然在以清朝兴隆为中心的满洲民族的气质中，免不了后进民族所具特有的那种暴发户般的种种缺点，但他们又有着称霸前代的辽金王朝所不具备的长处。武力上不输蒙古的成吉思汗，爱秩序的团结心和为共同体而牺牲的精神更是出类拔萃。清朝初期的历史常常围绕着皇位的继承问题而酿成内乱，那时总会看到权力者之间的妥协，避免分裂，带领众人一起渡过难关。如果康熙末年的皇子内讧，以及雍正对苏努家族的弹压都发生在元朝，那极有可能马上就会引发内部的叛乱，所以元朝在征服全中国仅九十六年后就灭亡了。但在清朝，一旦天子即位，君臣之别分明，就不会有皇族为了一己之私而动用武力。老人苏努不听诸子的劝告，拒绝信仰耶稣教，但对于不忠于雍正帝的指控，他直到最后都不予承认，临死前还在不断抗议雍正帝强加给他的罪名。

——天子认为，我等为祖先褚英幽禁至死而怀恨在心，声称要诅咒大清，断无此事！我祖杜度十七岁初次上阵，一直征战到二十三岁死去。我父杜努文一生在军营中度过。我活到七十来岁，一直作为臣子忠心侍奉天子。天子对我们家的非难是不对的，我不服气！

这是老人苏努在新堡子附近的荒野中咽气前不断重复的话。即使被雍正帝视为猪的九阿哥，当部下劝诱谋反时，他也断然拒绝道：

——兄弟间以武力争夺天下，这样的事从来都没有想过。

其实，这不仅是没有反叛的条件，更是全然没有那样的意识。他们都知道，如果满洲人陷入了分裂和混战，就会立刻导致民族的灭亡。在满洲人整体利益面前，个人的得失都变得微不足道。作为个人要甘于承受任何命运，这就是他们独特的人生观。

武力征服不会永久持续下去,有良心的满洲人恐怕都会得出这样的结论。对于占绝对多数、勤勉聪明的汉人终将发起叛乱的忐忑与不安,恐怕就是促使苏努家族皈依耶稣教的外部动因。他们试图通过皈依,在神明面前成为裸露的人类,从而解除烦恼。雍正帝不会没有同样的烦恼,但他采取了截然不同的解决方法,那就是站在帝王立场上,用更加现实的方法去解决。施行中国帝王中无人能及的高超政治,建设中国历史中前所未有的公正社会,为万民开太平,这就是上天赋予清朝君王的使命。只要完成了这一任务,清朝和满洲,还有中国人都将得到上天的嘉奖,自己的家族也会千秋万代地延续下去。这就是雍正帝的信念,也可以说是宗教性的信仰吧。于是,雍正帝凭借着当时满洲人所独有的诚实和坚韧,开始将这样的信念付诸实践。

四 天命的自觉

清朝于明万历年间崛起于满洲一隅(1616年),但仅太祖一代就平定了满洲全境,并向人口百倍于己的明朝发起挑战,这场战争到太宗在位时仍在持续。第三代顺治皇帝时,清朝入主北京,继而平定了全中国。这在历史上确实堪称奇迹,连满洲人自己也一定为这种意想不到的成功而感到惊讶。站在满洲人古老的思维上来看,这一切都是满洲的守护神阿布海汗庇护的结果。

清朝入主北京后，原封不动地恢复了被烧毁的明朝宫殿，唯一不同的，就是在坤宁宫的院子里竖起了用来祭天的神杆。皇城的东南角还建有名为"堂子"的建筑物，是进行满洲式祭天仪式最神圣的道场，而施行祭礼则是清朝天子的特权。

不过，明清鼎革，从中国式的思维来看就是天命。本来上天授命明王朝统治中国，但由于明朝的堕落，天命已经离开了明朝，重新命令清王朝来统治中国人民。随着满洲人进入中国后的不断汉化，天命观也普遍被接受，雍正帝当然于此也深信不疑。满洲的阿布海汗和中国的天毕竟都是同一片天，在恩泽满洲人的同时必定也会惠及中国人。

在康熙帝的三十五个皇子中，只有雍正帝一人被选择继承皇位，这本身就是天命。在皇子们围绕太子之位的激烈斗争中，大概谁都没有想到雍正帝会是最后的胜出者。下达给清朝的天命，接着又从众多的皇子之中选择了雍正帝。

但是，天命既是权利也是义务。天子的任务就是保证天下万民的生活，让他们各守本分，如果不能完成，天命也许会再次离他而去。"天道无常"，天命早晚会从失去价值的人身上离开，那就意味着新的革命。完成天命，不仅是对天的义务，也是对祖先的义务，更是对满洲人的责任。

雍正帝即位时已经四十五岁，如果他自己的话可信的话，那么，此前的雍正帝都在努力避开接触现实政治。按他自己所说，避免卷入兄弟间的争斗，是必要的自保之术。

——先帝在位时,朕努力避开与大臣交往,尽量避免以皇子的身份插手政治。所以一朝成为天子,却对为政之道和大臣贤否一概不知。

不过这样的话也不能全信。雍正帝虽然表面上没有加入兄弟间的争夺,但似乎也不会是超然的存在,只是留出一份闲暇,以比较冷静的第三者的目光眺望着事态的发展。同时,他对世态人情也有着很深入的观察。闲居在家的身份,甚至帮助他向父亲康熙帝的为政投去冷静的批判目光。雍正帝后来给臣下的书函中,有这样一节值得玩味:

——朕乃是四十五年闲居家中洞察世间酸甜、一朝登上天子之位的四阿哥,不同于娇生惯养的天子,小看朕可是要倒大霉的。

恐怕这才是雍正帝的心声吧。

那么,雍正帝眼中康熙朝的政治究竟是什么样的呢?康熙帝时常被称为宽仁大度的君主,但世间的舆论其实并不可靠。舆论终究只是权势者的舆论,世间还有许多被排斥于舆论之外、在社会底层喘息的穷苦人民。农民们从早到晚没有片刻休息,不干活就无法糊口,他们根本没有时间来制造舆论。所谓舆论,只是一群出身知识分子的政治家将政治弃置不顾,饮酒赋诗之余所散发出来的充满贵族气息的香味而已。

如果要概括康熙朝的政治特色,那就是朋党政治。朋党政治并不是从康熙帝时开始的,更不是从清朝开始。自从有历史以来,朋党就与政治伴随始终,只不过随着时间推移日益白热化,明朝的惨败，也正是朋党政治所引发的灾难。

兴盛于唐宋以后的高等文官考试——科举制度，为创造政治朋党提供了温床。科举固然能够公平地选拔人才，但参加测试古典教养的科举考试，至少需要十多年的修炼。无论财力上还是时间上，都只有富裕的上流阶层才可能真正参加科举。不参加科举就不能当官，即便当上官往往也很难出人头地。只要科场及第成为官僚，那就能拼命捞钱。反之，没有官位的人，连维持仅有的家财都不容易。于是，家财、官位、文化和教育，都集中到了特定的阶层之中。政治的执行者就是这些特权阶层，舆论的创造也是为了维护他们的利益。

虽说只有先成为有钱人才可能当官，但家财又得通过官僚的身份来获取。如果不与官吏勾结，任何行业都难以维系。商业也好，手工业也好，矿产业也好，为了巴结官吏都必须消耗巨大的资金。凭借官僚特权建立起来的行业往往利润丰厚，如盐业等垄断产业。通过正当的资本积累发展产业几乎是不可能的，利润的大部分都进入了政治巨头的怀里，只是促进了无益的消费。因此，行业经营者为了填补给政治巨头献金的缺额，或是逃避纳税，或是榨取劳动者，二者必具其一。如果行业逃避纳税，那么国家财政将会崩溃；如果对劳动者榨取到了极点，那么也就无法进行再生产。每当王朝的末期，大多都会同时出现这两种现象。

从清朝历史来看，康熙时期正处于兴盛期，但从内部来说，朋党政治甚为活跃，皇太子的悲剧只是与此相关联的一个侧面而已。从某种意义上可以这么说,这都是朝中掌握实权的多数满洲人还不了解中国社会的实情,以至于受中国政治巨头操纵的结果。把明珠、索额图等满洲人捧为朋党大主子的,终究还是汉人政治巨头们。

在汉人政治巨头中,最著名的就属徐乾学了,其次是王鸿绪和高士奇。他们都是著名的文人,结党就是通过科举开始的。随着科举制度的繁荣,中国的师徒观念也发生了特殊的变化。从前,实际教授学问的人就是师长,接受知识的就是弟子。但随着科举的盛行,人们开始认为,考官才是师长,参加考试的及第者就是弟子。无论如何,在学校和私塾中教授读书作文的教师都以之为职业,从学生处接受相当的谢礼,可以说就是一种商业交易,一旦了清就再无瓜葛。既然是一种买卖,就没有什么恩惠和人情可言了。但在科举考试中,朝廷大官是带着公务而来的。什么样的文体什么样的答案可以通过,这完全取决于考官的一念之间。在众多的考生中,对自己的文章心存共鸣并提拔重用,这才是真正的知己,这样的恩情必须感铭一生。考官才是自己一生中最重要的恩师,也是带领自己踏上仕途的主子。于是每逢科举考试,考官与考生之间就结成了师徒关系,同时也是主从的关系。历代君主都对这样的倾向有所警戒,作为科举最后一关的殿试必须由天子亲自担任考官,及第的进士也就成了天子的门生,试图以此来防止考生与天子以外的考官结成主从关系。但是,清初的天子汉学修养尚浅,考试通常都是委托给大臣,以徐乾学等学者大臣为中心的庞大主从关系，就是在这样的空隙中发展起来的。

且不说康熙帝对汉文化究竟有多深的理解，却也频频发展文化事业，编纂大型的丛书。其中十有八九都是以徐乾学为总纂官的，每次都起用他的弟子为编纂官。一旦编纂结束，手下人就会受到赏赐，被提拔为大官，或者作为考官赶赴地方，发展出看不见的连锁组织。

天子独裁权力的发达与官僚组织有着密切的关系。天子唯有通过官僚组织，才可能成为独裁君主。但是一旦官僚机构形成，天子的独裁权力就会受到官僚机构的制约。理论上讲，独裁制度的下的每一个官僚都是天子的仆人，官吏与官吏之间不得存在个人关系。天子必须如轴承一般，成为所有方向的汇集之处，除此之外不得再有其他的中枢。但事实上，利用科举等机会，还是出现了其他的节点，天子的旨意在传达给人民之前，途中早就遭到了各种歪曲。人民的情况也是如此，下情上达时会遭到节点的阻挠。天下政治表面上以君主之名实行，其实却是通过盘踞在官僚组织中的各种大小节点，也就是政治巨头之手进行的。

政治巨头的存在，从居于官僚金字塔顶端的天子御座上是很难发现的，但从横向第三者的角度观察却一目了然。四十五岁即位之前，雍正帝在闲居中自然已经对政界的腐败有了细致的观察。

——这回的天子可是洞察人间酸甜的四阿哥。

言词间可以感受到满满的自信，似有千钧之重。

即位第二年,雍正元年正月初一,雍正帝下达敕谕,要求上至从一品总督下到正七品知县的地方官各自谈论心得。这可以说是雍正帝对自身执政方针的宣言,要求地方官员忠诚协助。其中共同言及的是,必须根除当时地方官员最大的诱惑,即名利双收的污秽风气。名,就是官员之间的评论,一般通过相互交际获得。官场中的名声是一种资本,闻名天下的官员到哪儿都会受到优待。这就是所谓的交际面广,一旦需要,则可委托暗中操作,有很大的利用价值。喜好奢华的官场交往需要巨额的费用,这些费用或是从租税中克扣,或是勾结政商,或是贿赂,总之最后都转变为人民大众的负担。用不干净的钱财开展奢华的交往,通过交往抬高名声,名声一高就有更多升官的机会,暗箱操作中更具人脉,收入也就不断增加,真可谓名实兼收。但是这样下去,官员愈发肥硕,底层的人民大众却日益瘦弱。决不可如此,政治的存在不是为了官员,而是为了人民。官员若是认真从政,断然没有相互交际的时间和费用。但麻烦的是,通过高等文官考试科举踏上仕途的官员,不仅擅长交际,而且乐此不疲。

继地方官员心得书后,雍正二年七月,雍正帝又颁布了《御制朋党论》,将矛头直指朋党问题。宋代著名文人政治家欧阳修曾撰有《朋党论》,大意是:不应责怪官员的团结,毕竟只有正直的人才会始终如一地团结在一起,奸邪小人往往为利益驱动,团结自然破裂。

雍正帝将欧阳修之说斥为邪道,重撰《朋党论》,他主张:

——真正正直之人不会建立党派,只有小人为隐藏自己的缺点,才会借党派来极力歪曲世间的公正评判,这也可以说是对君主大权的侵犯。

两年后的敕谕中又提到:

——古来治理天下别无他法,唯有在下达命令之时认真考虑是否合乎道理,是否适应形势,毫无必要考虑能否以此博得人气。天下人之多,想法各有不同,各种言论是阻挡不住的。

雍正帝的这一说法遭到了舆论的蔑视,但在雍正帝眼中,当时的舆论未必就是公正的万民心声,而是已经遭到了肆意的扭曲,所以不信也罢。最后归结到《论语》中的一句名言:

民可使由之,不可使知之。

万事都在君主的心中,只要默默看着就好,这就是独裁君主的终极立场。

然而,由君主一人扛起全天下的责任,平心而论实在是辛苦至极。但四十五岁壮年即位的雍正帝有着强烈的自信,这也是对天命在己的信仰,完全是积极的。

——官员风气与纲纪颓废,自宋元以来积弊日深,简直到了无从下手的地步。好吧,竭尽朕的全力,一定要挽回千年来的疲敝之风。

这就是雍正皇帝充满自信的抱负。

然而，这样的事业实属不易，因为这意味着改造旧有的官僚组织，重新树立起新的官僚体系。不同于先在别处建立新房后再拆毁旧屋，而是要把旧屋中陈旧生虫的柱子——更新，改造成焕然一新的新房子。革命容易改造难，原理正在于此。

为实现这一目标，首先要对官员进行甄别。哪些是能够施行良政的，哪些有着不加夸饰的实干能力，虽然麻烦，但还是必须一一鉴别。独裁政治的好坏取决于君主手中所持的棋子，而且在舆论已经不可信的状况下，只能依靠特殊的手段，那就是古来独裁君主惯用的手段——密探政治。

兴起于满洲的清朝，具备了密探政治的良好条件，那就是清朝从满洲带入关的中国亲信势力，他们以八旗的组织形式从属于天子麾下。"旗"的意思大体相当于连队，包括纯满洲人的八旗、蒙古八旗和满洲时代组成的汉军八旗，共计二十四旗，他们比起普通的中国人有着各种各样的特权。正如德川幕府派亲信旗本御家人到各地诸侯领地上去充当间谍一样，雍正帝也让八旗的年轻人担任密探。从八旗壮丁中选出的青年，常常作为侍卫侍奉天子左右，但有时也会委托机密要务，派到很远的地方。那时的满洲人已经能说一口无异于汉人的中国话了。

有这样一个故事。一名官员前往地方赴任时，在北京雇用了一名仆人随行。这名仆人一直忠心侍奉主人，而当三年任期结束主人正准备回京时，那名仆人忽然提出了休假。离别之时，还留下了一句意味深长的话：

——主人为官勤勉,此番回京,天子必有重赏。

地方官回到京城拜谒天子,果然从雍正帝处得到了特别的嘉奖。退出宫门时,他发现站在那里的侍卫长竟然就是自己当年的仆人。

独裁政治下密探手段失灵时,君主反而会受其误导。密探如同一剂猛药,副作用非常强烈,而且用量不当就会出现大问题。明朝天子重用宦官,强行密探政治,失败的原因就在于此。为了不被密探误导,必须建立起纵横交错的密探网络。如果可以,与其建立专门的密探机关,不如令官员同僚之间相互监视方为上策。只有头脑缜密而又聪明的君主,才能用好密探政治。

还有一则故事。五六名朝廷大臣聚在一起通宵打麻将赌博,到最后弄丢了其中的一张牌,怎么也找不回来,于是就这样散场了。可是到了第二天,其中一人在进宫时受到了天子的讯问:

——昨晚干什么了?

大臣不解。法令严禁赌博,雍正帝更是十分厌恶,但是没有办法:

——臣惭愧,玩了麻将。

——有什么奇怪的事发生吗?

——少了一张麻将牌,怎么也找不回来。

雍正帝面露得意之色,从袖中掏出一张牌掷到他的跟前:

——丢失的是这张牌吧。

幸好坦白交代,大臣没有受到处罚。但以此为戒,以后再也不玩麻将了。

还有另一个故事。雍正帝的密探深夜巡视官衙，调查值班的人是否认真站岗。某天早上，相当于司法省的刑部大臣入宫，雍正帝提出了一个奇怪的问题：

——刑部的招牌在哪儿？

——在官衙门前。

——胡说八道！

雍正帝大喝道，顺着他的手指看去，刑部的招牌正倒在宫中的一角。由于两三天前刑部值班的岗哨酣然大睡，雍正帝的密探偷偷摘下了招牌，大臣们却丝毫没有注意到。雍正帝没有归还拿来的招牌，所以刑部一直都没有挂招牌。

这些故事都被当作趣闻在社会上流传，但雍正帝的本领不仅是在这些小事上。雍正帝最想了解的是人民的生活、治安的情况和经济状况。为此，他要求地方官每年按时呈上报告，包括冬天的积雪量、春夏的雨量、麦和蚕的产量、旱涝洪水的有无、秋天米谷的收成、米价的高低等。这些虽然从康熙帝晚年就开始实行，但雍正帝一定要通过大小官吏报告的相互对比，确认其间是否存在虚假才会放心。

这些报告不是由中央政府的官衙专门处理的，而是以"奏折"这种文书的形式直接送达天子手边。本来，中央政府与地方省份的联系是通过省总督以及其中充当民政官之职的巡抚之手进行的。总督和巡抚向中央政府提出报告和要求，这样的文书称为

"题本"。虽然题本最终也会到达天子手中,但必须先由六部和内阁先行处理,然后等待天子的裁决。由于天子掌握最终裁决权,大多数君主只是行使了决定权便认为是履行了独裁君主的任务。但雍正帝不会满足于此,他还想出了新的方法。当时中央政府的官吏、地方大员、总督和巡抚都可以在向内阁呈上题本之外,另将文书直接上报天子陈述意见,这样的文书就是奏折。可以说,奏折就是总督、巡抚以非正式的个人名义上呈天子的亲启信。奏折的内容有时是贺年,有时是汇报米价,或者是汇报军事机密,总之千差万别。雍正帝将前代以来的这一制度加以扩展,令更广泛的官员上呈奏折,由此获知地方的情报,并且通过周边的报告来考察官员的品性。

文官中的知府,武官中相当于师团长的总兵官,在赴任之前都必定会被召至宫中觐见。这时,雍正帝会给出各种训诫。到达任地后,他们必须马上给天子呈上奏折,复述觐见时获赐的训谕。如果书写有误,雍正帝会用朱笔一一订正,告诉他"真正的敕语是这样的"。如果还有特别的命令,也会用朱笔写在空白处,然后退还给本人。这就是最初的考验。收到朱笔宸翰、朱批谕旨的人不得将此留在手边或转交他人,必须马上送还给天子,同时还要提出对于今后政治的意见和施政报告。此外,如果有什么见闻,也要不加掩饰地上奏,这也是雍正帝的要求。

——一旦见闻狭小,就容易下达错误的判断,所以朕要求你们提供各种各样的见闻。

——地方政治是否有效,官吏是否勤勉,上官是否公平,部下中孰优孰劣,军队纪律如何。不仅如此,若有任何传闻,即使没有证据,也须一五一十上报。但是,证据确凿之事与偶然风闻之事应严格区分,朕自有其他办法查实。

——苏州乃是交通要地,官吏来往于此,商人出入于此。若有政治上的风闻,须追根究底后火速上报。

——忙碌之时,非机密之事委托他人书写也无妨。此非正式文书,混杂行书、草书亦无大碍。只要能够看懂,繁文缛节皆可省去。

于是,来自各地的报告都只能由雍正帝一人开封,对朝廷大臣必须绝对保密。如果遇到必须公开讨论的问题,也会首先隐去上折人的姓名,然后交由大臣听取意见。同时,皇帝的批复,上折人也绝不可将内容转告他人。如果不能保守秘密,地方官就会有后顾之忧,以后谁都不敢再点评上级和大臣,天子也会失去官员的信任。提供情报是地方官公务之外的重大任务,一旦懈怠就会遭到催促。当然,若是隐瞒了该报告的事情,就会遭到严厉的责骂:

——此事朕早已知晓,事到如今还有什么脸面来报? 如果朕到现在还不知道此事,早就成了又聋又哑的木偶。

——竟报告这些鸡毛蒜皮之事,一定是隐瞒了什么非报告不可的大事。

——你们办的什么事,以为能不让朕知道吗? 知晓你们的作为,这是朕处理政务的头等大事。

这是公务以外的任务,也是雍正帝与地方官员间的私人通信,所以亲启信中无论写了多么愚蠢的话,都不会受到处罚:

——竟然提出如此愚蠢的意见!但既然是亲启信就不再追究了,如果这是通过政府提出的公文,朕可要治你大罪。

即便不受处罚也会遭到雍正帝的嘲弄,甚至还免不了被痛骂。雍正帝的痛骂辛辣至极,简直摄人魂魄:

——冥顽不灵、无药可救的蠢货,说的就是你!

——你比禽兽都不如。

——泯灭良心,不知羞耻的小人。

——像木石般麻木,简直不是人。

——无学无能,欲壑难填。

——吹牛扯谎,糊弄人的大骗子。

——不知恩义,害人的老狐狸精,国家法治都毁在了你们手上。

雍正帝的痛骂滚滚不绝。我们当然惊讶于雍正帝竟知道那么多骂人的话,词汇量如此丰富,但更多的是惊叹他获取情报的机敏性。既然是天子的责任,就必须紧紧地攥在手里。不过这些严厉的责骂,终究只限于个人之间。雍正帝只是希望以此求得地方官员的悔改,只要变得用心,或是立下什么功劳,就会马上获得赞赏。遭到毒骂意味着还有一丝希望,如果被完全看穿,就只能等待正式的免职命令了。

地方官员上奏,得到雍正帝朱笔答复后再次返还,这样的文书堆满了雍正帝的住所,就是所谓的"朱批谕旨"。后来,雍正帝将其中对政治有参考价值的部分出版成册,以黑红两色套印。黑字是臣下奏折的原文,红字是雍正用朱笔修改或添加的部分。这就是《雍正朱批谕旨》,共计一百二十册,既是雍正帝呕心沥血改进政治的辛苦结晶,也是他励精图治的丰碑。而且出版的还仅仅是其中的一部分,数倍于此的部分直到清朝末年都还在宫中堆积如山。

古语说,天子日理万机,也就是说每天有一万件事情要处理。如果专心从政,必定是忙得眼花缭乱。没有一丝敷衍,没有一事草率,竭尽全力施行最佳的政治,雍正帝的这份勤勉实在让人敬佩。这样有良心的帝王,别说中国历史,在世界历史中恐怕都找不到能与之匹敌的人。

早晨四点前起床,雍正帝不一定如此,但中国的习惯总体上就是早起。每天早上必定阅读作为前朝历史的《实录》和作为诏敕集的《宝训》各一卷。宫门四点打开,六点通常就是官员出勤的时间,大臣们必须入宫觐见。所以天子要在七点前用完早膳,然后会见朝臣,商议政治。如果还有请求觐见者,商议会延长下去,通常会一直持续到下午。如果还有闲暇,就会召见学者来讲授经书和历史。一般的习惯是早起早睡,晚上七八点就入睡,但勤勉的雍正帝往往在夜间批阅地方官员上呈的奏折,忙于书写批示。

每天至少过目二三十份,多则五六十份。

——朕立志勤勉,决心为天下表率,凡大小臣工上呈的奏折皆亲自批复。有人说这样的事难以做到,白天接见大臣指挥政务,忙碌不堪而心情不平,只等晚上才有心于此。夜间周遭寂静,精神集中,地方送来的奏折十有八九都是在晚上批复的,这封书信也是在灯下书写。不知何故,朕从幼年时就习惯了晚间的平静心情。

——卿的奏折过于冗长,但朕并无责怪之意。无论多长,只要言之有理,朕都会乐此不疲。朕从未因几千字的报告过于冗长而没有读到最后。君臣之间,无须客套。

——朕并非特别杰出的君主,但也不是愚钝无知的天子。这条批复是在灯下写的,字体凌乱,卿勿见笑。

——其间似有客套之语,故而回复。此刻已过深夜时分。

——朕登基之初,连大臣的长相都认不清,为分辨人物、才能实在花费了一番功夫。政务繁忙,从早到晚没有片刻闲暇。但天下政治事关重大,朕怎可怜惜自身?朕的居室入口悬有三字:为君难。两侧楹柱上还写着一副对联:原(愿)以一人治天下,不以天下奉一人。

——卿劝朕安心养病,实在感谢。然而健康乃是养生问题,与是否工作无关。所谓病出于气,耽误该做之事而心中不悦,反而会恶化病情。唯有根据自己的能力,全力以赴地工作,朕会用这样的方法养生的,勿要担心。

以上全都摘自雍正帝给地方官员的批复,从中可看出雍正帝是如何孜孜不倦、勤勉为政的。如果是对地方紧要之事的意见，无论几千字的长篇奏折都会不觉疲倦地读完，但若有官吏只是以表面文章来敷衍搪塞，则会被骂得狗血淋头：

——朕一日之中批阅文书，指挥大臣，繁忙至极，仍将尔等奏文从头至尾不落一字读完。如果只是草草了事，就无须要求尔等上奏。所以尔等要体察朕之辛劳，只挑紧要之事简明书写奏来。对于委托部下所造空谈，或是计较几斤几两细账的会计报告，真是厌恶至极。

——将朕说成圣人等，此类吹捧最为可恶，朕没空看这种无聊的书信。

雍正帝的确没有时间。康熙帝对政治厌烦时，常常外出欣赏江南风景，多次通过运河游幸苏杭一带。乾隆帝也有意模仿，但雍正帝只是偶然移驾北京近郊的西山别庄，此外一步都没有走出过更远。因为事务繁忙，懈怠一天就会积累一天的工作，以后就苦不堪言。天子自己如此，也不许地方官做无益的旅行。若有官员请求上京拜谒天子，则无论何时都会遭到拒绝。对于转任的官员也不让顺路前来北京，而是命令他们即刻前往新地赴任。

——即使前来见朕，朕也没什么可训示的。有事用书信就足够了，如果把时间都耗在无意义的来回途中，外出期间的政务就要耽搁了。

就这样，十三年的在位期间，在励精图治的雍正帝的带领下，庶政逐渐有了成效。本来无法忍受雍正帝的官员，也一变而认为只有为这样的天子出力，人生才有价值。

——天下之财为万民之物，不可用于天子一人之欲望。

雍正帝从没有为自己修筑过一间宫殿。曾有地方官员用绫罗上呈贺表，被雍正帝斥为奢侈，于是改用纸张。为了天下政治，雍正帝十三年如一日地埋头工作。这绝非易事，必定是有着天命的自觉，深信这是守卫整个满洲人、守卫祖先以来大清基业的唯一途径。每当听说地方丰收，他都会合掌向上天致以感谢：

——上天加护，感激不尽。

当收到一百六十八人丧命于洪水的报告时，则会深深自责事前的准备不够充足：

——众多民众饱受洪水之苦，朕心怜悯至极。无辜百姓竟蒙受这等无妄之灾，是尔等地方官的责任，更是朕的责任。

五　总督三巨头

在理想状态下，独裁政治中不存在特权阶层。无论大臣、地方官、商人和农民，在君主面前都是一样的臣民。但是，以君主一人之力终究无法处理所有的政务，庞大的官僚组织是必需的。这样的官僚组织仅仅是帮助天子保护人民的生活，代行天子之责罢了。就像君主节制用人民的财产来满足自己的欲望一样，官僚也不得凭自己的私欲推行政治。官僚的存在是为了天子和人民，而不是为了官僚自己。

　　然而实际问题是十分复杂的。由于天子委任的权力过于庞大,官僚往往只考虑自身的利益,全然不顾人民的死活,不仅如此,有时还会反过来压榨人民、中饱私囊。官僚之间相互勾结,彼此隐瞒对方的恶行,暗中收受贿赂或挪用公款。官僚间彼此维护面子,相互包庇缺点,常常被看作一种美德,这就形成了难以根治的官场习气。其中最棘手的就是科举出身者,考官与考生之间结成师徒,同期及第者之间结为同学,于是形成了错综复杂的关系网,相互谋取便利。遭到天子的厌恶尚不可怕,若被同伙排挤,就永无出头之日,他们就是用这样的方法来巩固团结,也就是巩固朋党的。

　　雍正帝任用官员,最初目的是施行为人民的政治,而非为官员的政治,但这样的初衷必定会被科举出身的朋党摧毁。但是延续千年的科举制度不能马上废除,至少找不到更适当的方法。重要的是运作而非制度,古话说:

　　——有治人,无治法。

　　人才也是如此,不是说科举出身的人就都是坏人,关键在于如何任用。只要树立起选拔人才的公正标准,成绩优秀者迅速登用,无能之辈毫不留情地免职,官场的风气总会有所改善。

　　——朕等待天下官员的态度,归根到底就是一句话,大公无私。

　　——朕既不怀疑人,也不相信人。朕所信之人必定值得信任,怀疑之人一定做了什么令人生疑之事。赏罚也是一样,一切都是你们自己的作为,与朕无关。

即便是以公正无私自我标榜的雍正帝,也在拼命奔走寻求人才。他曾深情地感叹道:

——探寻人才是帝王的第一苦衷。

即便聪明如雍正帝者,也有过被骗失败的经历。直到最后都受到雍正帝信任、恩宠不衰的,地方官员中有田文镜、李卫和鄂尔泰三人。值得注意的是,他们都不是科举出身。

田文镜是汉军出身。汉军虽是汉人,但是是从入关前的满洲时代就跟随清朝的亲信臣下。虽然没有经过科举,仕途却十分平坦。雍正初年,他已经是六十岁的老人,担任相当于总理厅衙门的内阁侍读。他曾奉命赶赴陕西祭祀华山之神,中途路过山西时目睹了当地人民的饥馑,由于关系到自身的政绩,地方官员对朝廷隐而不报。田文镜亲自向天子上奏,天子大惊,立刻以田文镜为特使,赶赴山西救济灾民,挽救了七八十万人的生命。

——此人可用,尽管原先并不有名。

雍正帝已经注意到他,祭祀华山的任务完成后又任命他为河南相当于财务官的布政使,很快又升任为相当于民政长官的巡抚,继而成为总督,治理河南数十年,成绩堪称天下第一。

田文镜在救济山西饥民的同时,还建议地方官员向天子提出财政整顿方案。转任河南后终于能够自由发挥,推行的政策可谓楷模。

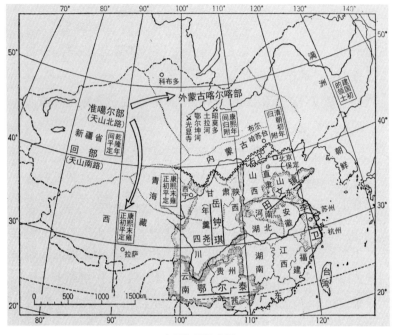

雍正年间的中国

当时官员的俸禄极为有限,甚至都不够供养家人的生活。巡抚的俸禄是每年白银一百五十五两,一两白银可换六斗大米,但在生活水平高、交往频繁的官场,这终究是不够的。至于为什么会这样,自古以来中国人就认为,尽量压低岁入和支出的基本预算才是善政。租税虽然是向人民征收谷物和现银,但基本上全部上交中央国库,没有考虑地方的收入。中央国库通常只供给高级官员和军队,地方经费的支出是不被认可的。地方官衙的维持费、衙役的人头费、事务费,都没有任何规定,全靠地方上自主收取。因此,地方上会在法律规定的国税之上收取一定比例的附加税,中央政府虽对此不予承认,但也只能采取默许的态度。于是,租税的面额要尽可能降低,反正地方官会收取一定的附加税,原额越少,附加额也就有限。如果把需要的部分全部加入租税中,地方官又从中收取附加额,反而会加重人民的负担。

不过,正是因为附加税不被中央政府认可,所以也就完全不受监督,全由地方官员任意决定。另一方面,地方官员对人民有着极大的权力,自然会把本应用作地方经费的附加税挪用为个人的消费。政府也预计到了这一点,如果不足的地方经费再次向人民作为附加税来征收,附加税就这样无限制地增长下去。

不仅如此,由于附加税没有法律规定,其负担也渐失公平。权势者,尤其是以官员为首的衙门书记员和胥吏,自己总能找出各种理由来逃脱附加税的缴纳,这一部分当然就转嫁到了贫困农民的头上。富者愈富,贫者愈贫,给社会带来了很大的影响。

另一方面,地方官员也不会满足于政府支给的俸禄,还会擅自从人民上交的田租附加税中侵吞千倍(!)于俸禄的财产。河南省巡抚的年俸为白银一百五十五两,但实际收入能达到白银二十万两,由此可见一斑。河南巡抚本身就是统治着大约五百万人口的大官,身份比日本德川时代的诸侯之首加贺藩还要显赫,收入丰厚以无可厚非,但问题是因此而引发的后果。租税增额在法律上并无规定,只是受当地习俗的制约而已,而习俗又会根据地方官员的意志出现变动。既然长官已经在正规俸禄以外获得了千倍以上的收入，处于其下的地方官也无论如何都不会因此而罢休。

弊害随着时代的推移愈演愈烈，以往通过尽可能降低租税的基准额来减轻人民负担的政策完全失去了意义。即便制度上变成增税的形式，一旦进行彻底的税制整顿，地方经费和地方官员的生活费最终还是会摊到人民的头上。田文镜决心在河南首倡新政。

但对于雍正帝来说，他并不愿留下自己在位时公开增收租税的记录，这是对祖先之法的违背。更何况，此时的雍正帝正陶醉于苏州地区因赋税太重而格外开恩减轻税额四十五万两白银的壮举。单方面的增额是没有意义的，所以虽然命令地方官整顿财务，但形式上既非天子之命，亦非中央政府的指令，只是地方官自己的意向得到了天子的默认而已。于是，财政整顿的方案由地方官员通过奏折的形式上呈给了天子。天子虽然在回信中陈述自己的意见，但是否赞许却并未表态，全部责任均由地方官员承担。中国土地广大，地方上的事情难以整齐划一，只有地方官才最通晓当地的实际情况，在充分调查的基础上可以承担起全部的责任。

田文镜继承了前任巡抚未完成的财政整顿。河南的租税额为白银三百万两，附加税一点三成，总共约四十万两，这个四十万两作为地方经费，用来支付地方所需费用和官吏的劳务补贴。巡抚的补贴是每年白银三万两，虽说是本俸的二百倍，但巡抚大员往往有着众多的家人和男女佣人,所以这一数目绝不算多。当时的大官家族包括佣人在内至少也有四五十人,多则超过四五百人。这种劳务补贴称为"养廉银",也就是对官员保持清廉的补贴。地方各省中最早完善这一制度的就是田文镜所在的河南省,其他省份也争相模仿。养廉银制度其后在全国施行到清朝末年,成为清朝俸禄制度的一大特色。雍正帝在一封书信中写道:

——在租税之上征收附加税,这本来就不是件好事,只因历代延续,迫不得已。即便增额从一成变成两成,养廉银变成几万两,官吏若不从人民处收取一文,不将养廉银外的金钱占为己有,这就是理想的政治。

田文镜的其他政策也得到了雍正帝的赞许,诸如揭发隐匿的新垦地,填补前任保管物资流失的空缺,督促逋租等。按规定,新垦地必须向政府交纳一定数量的租税,但现实是地方上的权势者买通官员,不将新垦地登记入册,从而逃避租税。田文镜对新垦地全部作了丈量,将之登记入册。租税的一部分保管在地方政府的仓库中,官吏们常常贪污隐瞒,田文镜不断检查账簿,揭发责任者,训令赔偿。不按时交纳租税的人群中少有贫民,多是权势者,他们仰仗官宪的保护,滞纳数年也不受处罚,田文镜毫不留情地对这些逋租进行了催缴强征。

田文镜对人才的渴求并不亚于雍正帝。地方官的人事,原本全由中央政府决定,巡抚并没有决定权,只能根据前来赴任官吏的品行才能给予打分而已。若有部下贪图养廉银以外的财物,或是巧取附加税以上的税银,就得一一向朝廷弹劾,这也是因为巡抚没有直接罢免部下的权力之故。数年间,田文镜提拔政绩优秀的部下官吏十九人,受到他弹劾而被免官的多达二十二人。

无视地方权势者的特权,对部下官吏严惩不贷的态度,这些自然会引发舆论的激烈反抗,但雍正帝丝毫不为之所动,非难的声音越高,雍正帝对田文镜就越是信任。渐渐地,舆论制造者选择了放弃,非难声也听不到了。事实上,河南也没了不良官吏。虽然地方权势者深感不满,但下层的民众得救了,虽然必须缴纳一点三成的附加税,但比起往常不明不白被征收平均高达七八成的税外银米,负担已经减轻了很多。

本来,河南没有总督,相当于民政长官的巡抚就是最高责任人。雍正帝特意为田文镜增设了总督一职,并且为了让他同时治理山东,任命他为河南山东二省总督。时值雍正六年,听说田文镜要来治理山东省,山东的官员大为惊慌,人人心中有鬼,看来谁也逃不过田文镜的弹劾。雍正帝虽然勤勉,但因没有找到适当的人选,即位六年来,山东的财政整顿一直都悬而未决。雍正帝也知道,要在全国同时进行改革是有难度的,心中盘算着先派田文镜到河南,静观他的政绩,把河南塑造成模范省,然后将经验向全国各地推广。在河南经过田文镜培训的部下官员,都被雍正帝提拔起来,派往其他各省担任要职,一时间,河南仿佛成了全国官僚接受再教育的根据地。不仅如此,在河南任过职的优秀官员得到雍正帝的频繁提拔,连田文镜自己都惊叹不已。

　　田文镜兼任山东总督后，奏请天子实行一项德政，也就是不问之前的行为，只要认识到自己过错的官员前来自首坦白即不再追究，从今以后，对官员进行严密监督，并实行官员轮岗制度，从而革新山东的地方政治。

　　雍正六年四月，河南孟津县百姓之妻徐氏捡到了远道而来的棉花商人遗失的白银一百七十两，正直的徐氏及其丈夫在得知失主后全部奉还，并拒绝接受白银六十两的谢礼。商人也颇有义气，将此事报告给知县，请求无论如何给予赏赐。田文镜听说此事后大为感动，亲自赠徐氏白银五十两以资褒扬，并将此事通过奏折向雍正帝作了汇报。希望读者读到这里考虑一下当时的欧洲，当时的欧洲正处在公然打劫的时代。雍正帝认为，如此奇特之事就此了结过于可惜，于是特别通过政府，向天下公开发布敕语：

　　——古来将路不拾遗作为治世的象征，现在河南小民拾得银两后如数归还失主，并拒绝接受谢礼。此举难能可贵，特由天子降敕褒扬。

　　在言辞褒扬的同时，朝廷还赏给徐氏夫妻白银一百两，授予丈夫七品官待遇的勋章。接着，河南商丘县贫穷的面店主人拾到白银二十四两后交还失主，雍正帝再次下达敕语，赏赐面店主人白银五十两和九品官待遇勋章。大将军傅尔丹部下的士兵也拾银奉还，雍正帝同样给予了赏赐。

　　切不可因此嘲笑雍正帝的做法过于理想主义，试图以褒奖为诱饵，把天下之民的正直教育视同儿戏。雍正帝的目的并不在此，他所表彰的既非徐氏夫妻，亦非面店主人，而是田文镜。

——如何，这就是田文镜治理下的河南，没有学识的贫民都受到了感染。天下的总督们，都好好向田文镜学习！

这就是雍正帝没有说出口的真意。向天下发出敕命赏赐贫民妻女，实际上是给予了田文镜最高最大的荣誉。

这里不能忽视的是，田文镜如此受到雍正帝的信任，还有一个偶然的原因。雍正帝本来就笃信天命，认为只要为政得法，上天就会降临祥瑞，最主要的体现就是适宜的气候。一旦气候不顺造成饥馑，或是引发洪水，都是因为政治上存在缺陷，天子和地方官员必须担负起责任。上天为促使政治家深刻反省，常常会降下灾厄，这就是雍正帝接近信仰般的信念。

田文镜赴任前，河南省连年饥馑，民不聊生，而田文镜到任后立刻变得风调雨顺，每年都有好的收成。

——看吧，尽管遭到政治朋党的非难和攻击，田文镜的政治最终得到了上天的赞赏。

雍正帝无法抑制心中的喜悦。这样的想法有一定的道理，华北地区大多雨水偏少，必须有能够引发洪水的雨量时才会获得丰收。但若政治不顺、人民困窘，则没有闲暇治水，即便丰收在望，洪水也会冲毁所有的收成。但若雨量不到引发洪水的程度，则往往有旱灾之虞，无论如何都是民不聊生。如果政治清明，堤防等设施有了充分准备，出现洪水后就能够及时遏制，同时还能充分享受到丰收的成果。若是遇到小小的旱灾，凭借人民的生产欲望，也多少还能获得一点收成。田文镜赴任之初，屡屡暴发洪水，但幸好没有决堤。在这样良好的气候下，迎来了少有的丰收。

然而，气候的循环似乎有着一定的周期。雍正八年，局部性的灾荒席卷了河南和山东，人民流亡，很多人进入了湖北省。天子从其他总督那儿得知此事后，开始对田文镜稍生疑虑：这个年近七十的老头也许已经精力耗尽，无法像以前那样施行灵活的政治了。实际上，当时田文镜的健康状况也正在日益恶化，主动向雍正帝提出了辞职，但天子还是加以抚慰，让他留守原职。雍正十五年，河南省迎来了前所未有的大丰收，以此为契机，田文镜的辞任得到了许可，可谓留得善终，不久后田文镜便病故了，天子特命河南当地设立祠堂祭祀。不过雍正帝死后不久就出现了反动，乾隆初年发生了地方官员弹劾已故田文镜的事件。

其次深受雍正帝信任的是李卫。李卫出生于江苏徐州的大户人家，是捐纳出身。所谓"捐纳"，就是以钱买官，这样的人在以古典教养而自负的科举士大夫中，通常被视为旁系中出身最卑微者，很少有人愿意与之为伍。但实际上，科举的竞争过于激烈，只要不成为秀才，就可能为此耗尽一生，而秀才中又很少能出大政治家。买官制度则相反，虽然其中也不乏当官后就拼命捞回买官资本的贪官，但也有特别的有志者。他们家中有着数不清的资产，官俸和额外收入这一类小钱根本不放在眼中，只是身为男子，本能地就想要有一番作为，但又不愿走科举那样的蠢路。如果钱

77

能解决,不妨用钱买个官位。李卫就是这样的人。

李卫得到雍正帝的信任,是从雍正元年被任命为云南驿盐道官员,掌管驿递和盐类专卖开始的。上任不久,李卫就弹劾了属下十几名官吏和几名武官的不法行为,次年升为相当于财务官的布政使。虽然遭到官场众多的非议,但雍正帝反而对李卫更加信任,还赞扬他说:

——听到各位爱卿的议论,朕心中痛快。

此时,浙江连年灾荒,人民食不果腹。雍正三年十月,雍正帝提拔李卫为浙江巡抚,前往当地打开僵局。李卫刚一上任,就派人从长江上游的商人手中购得大量米谷,运到浙江后成功地缓和了危机。不仅如此,李卫到任后,浙江连年丰收,这自然加深了雍正帝对他的信任。

同时,相邻的福建也遭遇了饥馑,还因此引发了暴动。当地巡抚毛文铨张皇失措,人心越发动摇。雍正帝大惊,任命号称手段高明的高其倬为闽浙总督,紧急赶往福建。闽浙总督管辖着福建和浙江两省,浙江巡抚李卫自然是处于下风。高其倬在赴任途中会见了李卫,听取了有关福建的情报,还从浙江借用了数万石大米运往福建,一切准备就绪后来到了福建。但是到任后才发现,福建的粮食问题并不是那么严重。只因毛文铨惊慌失措,地方上的权势者趁机买卖投机,才使得大米无法在市场上正常流通。毛文铨惊慌的理由,当然是理当妥善保管的官仓大米不知不觉之间已经被官吏贪污,仓库中只剩下了徒有虚名的数字,以致无法在关键时刻抛出官米来调节米价。正因为如此，一听说高其倬从浙江借来了大米，暴动就停了下来。但是随后出现了问题，科举出身的高其倬迫于私情，想要包庇贪污福建官米的官员。于是，他把从各地以赈灾之名筹集起来的大米全部收入官仓，并没有流入市场，米价因此也毫无回落，人民丝毫没有得到实惠。雍正帝听说后，派遣监察官到福建进行财政检查。结果，理应持有的八十八万石米中，五十三石都已经被贪污，五十多名官吏受到了弹劾。这件事本该由高其倬检举，结果却遭到了其他监察官的揭发，高其倬颜面扫地。雍正帝重新任命高其倬为福建总督，只管辖一省，李卫升任浙江总督，得以在浙江一省自由地施展手腕。

李卫在云南时，在监督食盐专卖中政绩显著，所以转任浙江巡抚后，雍正帝还特别让他兼管食盐专卖，因为巡抚本来和食盐专卖没有直接的关系。浙江沿海产的海盐，不仅供浙江省内消费，还惠及江苏南部的苏州一带。政府施行食盐专卖的首要目的就是增加国库收入，所以盐价奇高，至少也是原价的三十倍，人民消费吃盐的时候就如同在吃税金。这样一来必然会引发黑市交易，一旦便宜的黑市盐流入市场，政府的高价盐就完全卖不动了，国库收入也因此蒙受重大打击，所以政府不惜动员军队来取缔黑市，与食盐有关的黑市行为也因此受到了严厉的处罚。

但浙江的情况有所不同，浙江的食盐一直销售到管辖范围以外的江苏省，取缔本身就十分困难。江苏官盐销售的好坏，对江苏官员的政绩并没有影响，反而关系到浙江官员的政绩。所以黑市交易在江苏是半公开的,即便在上海这样的新型城市的繁华地段,政府的官盐也一斤都卖不出去。

虽说都是黑市商人,但也有好有坏,古今莫不如此。官宪抓捕的只是一些小商贩,拥有强大组织的大人物依旧躲在背后兴风作浪,古今皆如此。李卫下定决心,为了制定切合实际的专卖法,必须要和这些大人物决一死战。

为了取缔黑市,李卫特地组织了一支特别警察队,韩景琦被提拔为队长。韩景琦本是镖局主人。所谓"镖局",就是当时为运送金银等贵重物品携带武器一路提供安全保证的生意,所以镖局的人都是武艺高超的人。韩景琦带着自己手下的特别警察四处布网取缔,黑市商人大为恐慌。由于警察队是靠出卖收缴的黑市盐经费来维持的,没有黑市就没有经费来源,因此黑市的彻底消失是不可能的。

黑市商人的最大主子,居然是一位姓沈的女杰。她不仅胆量过人,还有着数百名武艺高强的手下,常常派数艘大船满载食盐在苏州附近的河道中横行,自己则坐镇后方指挥。地方警察曾多次与沈氏交战,但每次都是大败而归,着实令人生畏。李卫无论如何都想抓捕这一女贼,但对方的根据地在浙江总督管辖范围以外的江苏,自己的警察无法前往。于是,他与江苏官员金文宗取得联系,成功探清了沈氏解散部下后的藏身之地,最终将其抓获。

从供认中得知,沈氏一生曾无数次与官兵交战,且每次都能重创对手。如果照实上奏,恐怕会令不少官员蒙羞。为了照顾邻省官员的面子,李卫没有上交正式报告,只是在奏折中一五一十地汇报给了天子。但是若不公开事实,就无法判处女贼死刑,于是采用了杖毙的权宜之计。处以杖刑,是地方官员的权力,施刑中打到要害至死,就称为杖毙。这样的处置在当时是得到半公开认可的。

雍正帝对抓捕盗贼之事似乎特别感兴趣,他给出的意见是:

——杂草不除,谷物难生。若不处置恶人,良民就难以安心。

——最近的地方官员总把救人性命作为一种功德,好不容易抓捕的大罪人都被轻易放过,以此希求自己将来的福分,这是大错!惩罚恶人,让多数善良之人安心生活,这才是真正的功德。

但雍正帝喜爱消灭盗贼似乎还有别的原因。如果遭到雍正帝的嫌弃,想挽回的方法只有两种,一个是弹劾不法官员,另一个就是抓获盗贼。李卫从一开始就同时占了两条,这次雍正帝对于杖毙沈氏的做法也立刻表示了赞许:

——法律运用得当才会有效果,如果拘泥于法律,就会出现不公平,有时也需要超越法律求得公平。

不得不说这是独裁这种政治形态所必然推出的结论。

雍正帝看中了李卫的手腕,又将江苏的警察权委任于他。也就是说,李卫身为浙江总督,却兼有维持邻省治安的权限。虽然李卫加以推辞,但没有得到允许。本来江苏、浙江两省就是文化最先进、人口最多的地方,与田文镜治理的河南乡下地区截然不同,所以也是无人愿意接手的难以治理的地区。李卫特别善于缉盗,取缔流浪者,根除被检举的贼匪头目,使得浙江的面貌焕然一新。

如同雍正帝亲自任用密探一般,李卫也任用密探成功检举了匪盗。那就是所谓以毒攻毒的方法,李卫收服了曾为匪盗头目、如今已经隐退的海大如,让他担任自己的手下。发誓改过自新的海大如成功混入了匪盗内部刺探情报,为逮捕凶犯提供线索。雍正帝从李卫处听说此事后拍手叫好:

——卿智慧超群,特别将邻省的警察权也委任给你。

不过,李卫不是只靠捕盗过日子。江苏、浙江作为国土广袤的中国的经济产业中心,政务格外繁多,李卫因劳累过度而致咳血,但依然不愿放弃工作。

雍正十年,李卫调任直隶总督,移居到了北京附近的保定。李卫刚离开浙江,沿海就发生了巨大的海啸。后来雍正帝劝诫留在浙江的官员说:有那么优秀的地方官在,连伟大的海神都不得不有所忌惮吧?李卫到直隶赴任后,直隶也是丰年不断,尤其是雍正帝驾崩的雍正十三年,收成尤为可观。

雍正年间的三位著名总督中,只有鄂尔泰是满洲人出身,因而备受雍正帝的信任,凡事只有交给鄂尔泰处理才觉得放心。雍正帝初见鄂尔泰时,还是身为皇子闲居在家之时,他派人到相当于宫内省官的鄂尔泰处请托某事,却遭到了鄂尔泰的断然拒绝:

——皇子殿下当潜心养德学习,别无杂念。若有政治意图,

务必三思。

收到这样的回复后,雍正帝反而觉得他是个可用之才,即位后立刻提拔他为云贵总督。当时,云贵山区的苗族发动了叛乱,鄂尔泰被派往镇压。南方广西也有苗族,而且极难治理,后来就加上广西,任命他为云、贵、桂三省总督。

在最偏远的地方,鄂尔泰孜孜不倦地努力着。雍正帝启用满洲出身的鄂尔泰也有牵制汉人政治家的意图,经常会把"向鄂尔泰学习"挂在嘴边。但是在政治策略以外,更多的是满洲人之间的情投意合。雍正帝给鄂尔泰的批复中可以看到这样的话:

——朕读卿之奏折,不觉流下眼泪。卿真是一名贤臣,除卿以外,谁能有这份心,又有谁能说出这样的话?就凭卿一句话的功德,足以使卿的九代祖先魂升极乐,永享冥福。

——朕读来信,不由泪眼婆娑。卿真是朕的知己。如果没有这样的胆识,对朕没有这般的信赖,卿是不会这样做的,连这样做的想法都不会有。

——卿的来信,每一字都出自至诚之心,每一句读来都不由令朕身正。

——祷告天地,祷告祖先,祷告神明,唯愿鄂尔泰多子多福,长寿平安,有求必应。

雍正帝给鄂尔泰的批复从写法上就有所不同。落泪这样示弱的文字通常是不会对其他臣下使用的,但在给鄂尔泰的批复中却多次出现。

鄂尔泰作为地方官的功绩就是前面说到的平定苗疆。长江以南的山区自古以来就居住着总称为苗族的异民族,他们接近于暹罗人和缅甸人,随着汉人对平原的开发不断深入,苗人被赶往了群山深处,清朝初期居住在四川、云南、贵州、广西和湖南境内的山区。这些民族有着他们独特的氏族式团结,族长统率着大小部族。族长虽然从清朝获得与地方官相同的待遇和官位,但是实行世袭,不由清朝政府任免,所以被称为"土司"。随着中国国内人口的增长,汉人发展到了与土司相接的地区,两者之间就会产生种种摩擦。汉人进入土司地区耕种,掠夺他们的土地,或是罪犯逃入他们的部落中逃避追捕。甚至还有汉人的人贩以苗族为中介,将买来的子女带到从未来过的地区出售,苗族中也有人为此提供便利。苗族拥有毒箭,还收购火枪,大部落的酋长甚至拥有大炮,犯人一旦逃入这些部落就很难再追查得到。从苗人的角度来讲,每次土司更迭时都会被接受申请的官员索贿,花费巨额的金钱才能换取他们的认可。为泄愤,他们非常欢迎汉人逃亡者的到来,有时会在亡命之徒的唆使下,前往汉地掠夺财产和人口。这样的矛盾必须做一个彻底的了断,其结局就是苗疆的内地化。

苗疆的内地化从前代就开始进行了,称为"改土归流",也就是改变土司制度,将之归入由中央政府派遣的官吏即流官的管辖之下。改土归流既有苗族主动要求的,也有清朝政府通过武力讨伐实现的,鄂尔泰就是在武力讨伐三省苗族后,推行了改土归流。于是,中国国内本来以半独立状态存在、相当于贵州省面积的土地,重新完整地归入了版图。鄂尔泰离任后,各地苗族一起向清朝官员的统治发起反抗,动乱一直持续到了乾隆初年,但由于鄂尔泰事先已有准备,叛乱不久就被镇压,苗族也逐渐汉化。现在华南地区还有很多苗族姓氏,比如岑姓和龙姓,其中还出过很多名人。

雍正帝即位第八年,被视为左右手的怡亲王过世。为了填补空缺,鄂尔泰于次年被召回朝廷,担任了相当于总理大臣的内阁大学士。雍正帝死后,鄂尔泰又辅佐乾隆帝,处理乾隆初期的朝政。

除以上三人外,还有山西的诺岷、四川的岳钟琪、广东的杨文乾等著名官员,他们在各自的岗位上都做出了卓越的政绩。但在其他省份,始终没有出现令雍正满意的总督或巡抚。

这里还留下一个问题,雍正帝通过奏折的往复与地方长官之间的交谈,这种手段究竟在多大程度上能够反映地方政治的实情,官员又能否凭借书写的技巧来蒙蔽皇帝? 不可否认,确实存在着这样的倾向。河南田文镜之所以得到雍正帝如此的信任,是因为他手下有一位称为邬先生的幕友,据说他深知雍正帝阅读奏折的喜好。也有人说,雍正帝喜欢对地方官员上呈的奏章吹毛求疵,因此田文镜在上折时,常常有意准备一处缺陷,结果雍正帝只专注于挑出该处缺陷加以反驳,要紧的地方就得以蒙混过关。其他地方官员并不知道这一点,一味用心地准备毫无瑕疵的奏折,却因此抹杀了最重要的部分,在地方政治的实际运作中遭受了重大挫折。

但是,这样的说法未免太小看雍正帝了。想以一纸空文蒙混过关,虽然成功一时,却不可能长久。此前,雍正帝曾这样深深感怀过:

——满保和黄国材上呈的奏折完美无瑕,朕也为之所动,写下长长的批复。听他们所言,仿佛天花乱坠,朕多次给予称赞,特别开恩,满足他们的愿望。然而细究他们的政绩,却是一无所成。每念及此,朕都羞愧难当,恨不得有个洞钻下去。

——塞楞额此人处理实际政务轻率马虎,每日埋头于雕琢给朕的奏折文章。纸上空谈一文不值,重要的是实际行动。

就凭实用主义这一点,厌恶阿谀言辞和华而不实态度的雍正帝就不是一个会被纸上功夫所迷惑的天子。而且,雍正帝不仅依赖地方官的奏折,还会任用自己得意的密探去探听地方上的实情,所以想要骗过雍正帝并不是一件容易的事。

——你们这些地方官如果想联合起来蒙蔽朕,那就来试试吧,朕有的是你们不知道的渠道获得的真实情报。

敢于这样公开宣称的天子,小看他一定是会吃大亏的。

前文已经说过,雍正十年,天子将住处堆积如山的奏折进行了整理,打算以《朱批谕旨》之名出版。雍正帝为什么要出版这样的书呢?这当然是给后世的地方官提供政治参考,同时也希望为后世留下自己一生辛勤的痕迹,但还有一个更重要的意图不容忽视。

那就是要严厉整顿科举出身者之间的陋习。中国本是文字之国,文人同时也是政治家,政治家同时也是文人。正因为如此,学习古典文化并在科举中取得优异成绩的及第者,在官场中也会飞黄腾达。他们今生的愿望,不仅是要作为政治家成为高官,还要作为文人流芳后世。所以,有名的人物多半打算出版自己的文集,文集中除了诗作和美文外,还包括奏议一项,也就是给天子的上奏文。有时这些奏议为了替自己的政治立场辩护,不惜给君主制造麻烦。严重的情况下,只是为修饰自己的文集,甚至会用铿锵激越的语气来数落他人甚至天子的不当,由此表现自己的刚直。雍正帝憎恶这样的文人风气,在位期间还能压制住他们,但死后他们也许就会出版文集,通过大声非议天子来为自己辩护。所以有必要先下手为强,将天子与臣下的往来文书公开出版,让天下人知道,他们在受到天子严厉批评时是怎样默不作声的。雍正帝给当时著名的文人政治家陈世倌的批复中就有这样几句话:

——天子交代的事不努力去办,哪来的闲暇净说些没用的事?又想故技重施,用三寸之舌为自己的文集做粉饰吗?

——上呈这样的奏折,以后收入文集可以得到后世的称赞,这就是你的如意算盘吧。那也无妨,但是把朕厉声训斥你的批复也放在文集中一起出版吧!

雍正《朱批谕旨》的出版,也是和给陈世倌的批复一样,都是由雍正帝亲自完成的。

雍正《朱批谕旨》共计一百二十册,是雍正帝苦心经营地方政治的结晶,从中可以窥探到雍正帝的个人思想和政治方针,同时也是记录当时社会状况最值得信赖的珍贵史料。《朱批谕旨》的文章非常有意思,无论读多少遍都不会觉得厌倦。对地方官上呈的这些奏折一一阅读、订正并给予批示,光是这样的努力就值得惊叹,考虑到出版的只是其中极少的一部分,这就更让人对雍正帝的精力绝伦赞叹不已。同时也不得不说,如果仅凭虚荣和野心,而无真正坚定的信仰和对天命的皈依感,无论怎样的精力旺盛者都是做不到这一点的。

当时的中国现状经由西洋传教士之手传到了欧洲,十七八世纪的欧洲与中国相似,正处在绝对的独裁君主统治之下。国王绝对权力的理论,根源在于他作为基督教的虔诚拥护者,但随着国民大众的觉醒,他们在批判国王统治的同时,也向教会的权威投去了批判的目光。此时将中国的情况介绍给欧洲,知识分子都为世界东端存在着不受宗教束缚的文明大国而惊叹不已。甚至有人称赞,只有如中国那样的君主政体,才是理想的政治体制。

雍正帝的政治方式当然也传到了欧洲人的耳中,对基督教的压制以及为民生的安宁所做出的牺牲,都成了欧洲人的话题。与法国伏尔泰形成鲜明对比的西班牙思想家戈埃斯,针对世人投向雍正帝的种种非难,曾经作出过这样的争辩:

——根据传教士的消息,中国的皇帝非常节俭。除了用于救济洪水等天灾的难民外,他不会耗费任何财产。他拒绝召开盛宴为自己祝贺,也禁止别人为自己树碑立传。他比任何人都率先履行自己的义务,希望所有人都能向他学习,做好自己应尽的义务。这位皇帝确实禁止了基督教的传播,这固然很可惜,但是他在宗教上的盲目并不妨碍对他仁慈和节俭的赞赏。

——虽说雍正皇帝迫害基督教,但他在政治上的仁德可以说是完美无缺的。我们不吝将迫害基督教的图拉真赞誉为罗马的伟大皇帝,这份对罗马皇帝的正义,为何在给予中国皇帝时却有所踌躇呢?

对于当时的欧洲人来说,中国甚至是一种乌托邦式的存在。中国儒家的政治哲学介绍到欧洲后,被誉为贤人政治的典范。也许正是因为具备了如雍正帝那样远远超越当时世界水平的优秀事迹作为佐证,儒家政治才得以在欧洲思想界引发巨大的震动。

六 忠义超越民族

清朝的建立者是兴起于满洲的异民族,入主中国后必然会引发中国人的反抗情绪。这对清朝来说是个大问题,必须时刻紧绷神经,所以才屡屡发生惨烈的文字狱事件。

清朝接受了中国式的独裁政治体制后,把满洲民族作为特权阶层,也就是说清朝是满洲人的共有物。这种全体满洲人凌驾于中国人民之上的体制有着很大的弊端,清朝皇帝对满洲人也好,对中国人也好,必须同为独裁君主。确切地说,只有在满洲人和中国人这两根支柱势均力敌的前提下,才能期待清朝政治的稳定。然而,满洲人口稀少,文化也相对落后,虽然武力强劲,但随着枪炮等先进武器的普及,满洲的整体实力其实愈发难以依赖。但是,清朝本是满洲人建立的,关键时刻能够依赖的终究还是满洲人。如果中国人都把满洲人蔑视为夷狄,那么清朝和满洲人就无法在中国立足,所以必须采取一切手段铲除中国人的攘夷思想。很多事情在中国其他王朝时并不受重视的问题,在清朝的统治下也会成为重大事件,文字狱的原因也正在于此。雍正年间的文字狱大体分为两种,一种是纯粹的诽谤朝廷,另一种则是来源明确的反满言论,这两种表现的根本其实都是共同的民族认同。雍正年间最初的文字狱就是与年羹尧倒台有关的汪景祺事件。

清朝初年,外蒙古西北、阿尔泰山山麓和天山山脉以北的游牧民族准噶尔部发展壮大了起来。康熙帝时,准噶尔部进攻外蒙古,外蒙古的喀尔喀部向清朝投诚寻求保护。康熙帝亲征外蒙,击溃了准噶尔部的英雄噶尔丹,从此外蒙便发自内心地归顺了中国。

准噶尔部扼守着外蒙要地,势力不断向南发展。天山南麓很快投降,准噶尔部由此翻越昆仑山山脉,征服了西藏。康熙帝末年,大将军十四阿哥在青海击败准噶尔军,其间实际负责军事指挥的就是陕西、四川两省总督年羹尧。年羹尧虽是汉人,但出身于清朝亲信的汉军八旗,同时擅长文笔。击败准噶尔部后,年羹尧率部一路追赶,最终进入西藏,平定了全国。

雍正帝即位后,将十四阿哥召回北京,年羹尧升任大将军。年羹尧的妹妹在雍正帝的后宫备受恩宠,荣获贵妃之位,其尊贵仅次于皇后。在雍正帝的权力巩固之前,年羹尧手握重兵,在远方形成呼应,对雍正帝的立场无疑起到了十分有利的效果。

雍正帝在北京地位的逐渐稳固后,却开始苦于年羹尧手中握有的巨大权力。尤其是雍正元年年底青海发生叛乱,年羹尧派手下岳钟琪前往平定,权势因此进一步扩大。买官者争相笼络年羹尧,在他的推荐下获得官位,朝中的隆科多也与年羹尧勾结,左右着政府的人事任免。这一切都是独裁君主所无法容忍的。

年羹尧从陕西上奏的折子中,使用了"夕阳朝乾"一词。这本自于《易经》中的"朝乾夕惕",也就是勤勉的意思。年羹尧不仅颠倒了顺序,还写了错字,雍正帝大为恼怒。

——虽然知晓《易经》中的"朝乾夕惕",年羹尧却颠倒顺序又加错字。年羹尧本是读书人,不会犯这样的错误,看来是在暗指朕的行为配不上"朝乾夕惕",甚至还与之相反。如果是这样,为何不明说!

这看起来像是有意找茬,实际上雍正帝早已掌握了年羹尧的种种不轨行径,乃至侵犯天子大权的罪证,现在只是揭发的时机到了而已。

——年羹尧任甘肃巡抚期间向朕举荐胡期恒,朕面见后才知此人是废物。后又来弹劾金南瑛,此人乃怡亲王推荐。他就是想把胡期恒那样容易使唤的人作为手下,由此隐瞒自身的恶行。

——年羹尧的部下驱使藏民从事苦役,导致他们叛逃。朕问及此事,他说早已禀告过了,但实际上一次都没有报告过。为何要说谎?还不速速招供!

实际上,批复不久,年羹尧就被免职了,左迁为杭州将军。在赶赴任地的途中,雍正帝的责问像雪片一样飞来。比如关于食盐专卖权的丑闻、侮辱官员事件、贪污军费、杀戮无辜人民、人事调动不公等,加起来达到十来条。

另一方面,年羹尧对雍正帝缺乏清醒的认识。他早已习惯了康熙时代的宽大政治,以为即使受到指责,只要立下军功就能够弥补,再说妹妹又是雍正帝喜爱的贵妃,处罚不至于十分严厉。他在任期间积攒了堆积如山的财产,分载二十辆车和七八十艘船运往杭州,途中到处委托熟人保管,打算即使有个万一也能靠这些财产过活一辈子。到达杭州时,包括百名家人在内共有一千多人,仆人之下还有仆人,壮观的场景就像诸侯出行一样。雍正帝令地方官查处年羹尧的财产,仅房产就有土地二百九十七顷,房屋一千零二十间。

雍正帝听说后更加恼怒,决心彻底追查年羹尧的罪行。内外官员深知雍正帝的心思,争相弹劾年羹尧。每弹劾一件,年羹尧的爵位和官阶就下降一级。不多久,年羹尧就被剥夺了杭州将军的职务,降为了一介平民。但是,罪状还在不断累加,政府以此一同弹劾年羹尧,共列举出大逆罪五、欺罔罪九、僭越罪十六、狂悖罪十三、专权罪六、贪欲罪十八、贪污罪十五、苛酷罪六、残虐罪四,总计九十二条罪状。结果,年羹尧虽免于斩首,但被赐自尽,长子年富死刑,十五岁以上男子流放,财产全部没收,时值雍正三年十二月。

最可怜的还是年羹尧的妹妹年贵妃,在兄长宣判之前就被宣告患病。如果病死就该按照更上一等的皇贵妃之礼安葬,可以预期的病死意味着什么,这一点不言自明。这场悲剧不仅是年贵妃的悲剧,也是雍正帝的悲剧,作为独裁君主,必须牺牲家庭生活。

值得注意的是,年羹尧遭弹劾的罪状中,最严重的一条就是大逆罪,其中汪景祺也受到了连坐。汪景祺是年羹尧私设的书记官,是当时有名的文人。他在应年羹尧之招而赶赴西部的途中,把一路上的见闻写入了《西征随笔》,其中不乏僭越之词,年羹尧知晓此事却未作揭发。当然,这本书在清朝时就遭到禁毁,无法知晓其中的内容。但是近年,这本书又在北京故宫发现了。

书中的确存在很多令雍正帝读后恼怒的地方。比如,满洲人担任地方官后不通汉语汉文,所到之处政治拙劣,却没有引发人民的叛乱,这纯属侥幸。其中还记载着后来被雍正帝视为仇敌的年羹尧担任陕西总督后,当地政治就有了突飞猛进的改善。但最令雍正帝恼怒的,还是书中的以下一节:

——康熙帝巡幸杭州途中,有一名叫杜诏的书生前来献诗。康熙帝大喜,在绫笺上题诗后回赠给他,其诗是"云淡风轻午近天"云云四句,有人听说此事后作诗戏谑:

皇帝挥毫不值钱,献诗杜诏赐绫笺。

千家诗句从头写,云淡风轻近午天。

讽刺过于毒辣,任谁看后都会恼怒,而且对方又是天子。这是攻击康熙皇帝学问幼稚,对于身为异民族而时刻担心被中国文人瞧不起的清朝皇帝来说,着实是一件大事。汪景祺被斩首,妻子流放满洲北境为奴。汪景祺自己在该书的序言中写道:

——自己生来见解偏颇,别无办法。议论超乎常理,遭受世人的挑唆也是无可奈何的。

看来他也是知道自己的缺点的。雍正帝在书本封面的周边写上:

——竟不早知有如此之徒,实在遗憾万千。

墨色残留至今,清晰可读。

因年羹尧事件连坐的还有另一位文人钱名世。钱名世是当时著名的文章高手,因赠诗歌颂年羹尧平定西藏而触怒了雍正帝。对他的处置有些特别,雍正帝亲自书写"名教罪人"四字,挂在钱名世家的门额之上。同时还让朝廷官员做文章大家纷纷创作诗文,数落钱名世的罪行,集结成册后送给钱名世,令他自费出版,给天下学校各发一部。该书的序言还是雍正帝亲自撰写的。

接着发生的文字狱是查嗣庭事件。查嗣庭本是朝廷官员,被委派到江西担任乡试(科举中一环)的主考官。考试问题中出现了"维民所止"一句,这本是《诗经》中的句子,意为"这是民众居住的地方"。有人揭发称,"维止"二字是将雍正砍头。雍正帝凭此不足以定他的罪,于是派人从他的住处搜出了两本日记,其中发现了诽谤康熙帝政治的词句。但是要以大逆罪论处整个案子，证据仍显不足，查嗣庭在监禁中病死。随后下达判决，将尸体斩首，首级悬挂在狱门之上，其子孙判处流放，财产全部没收。其实，雍正帝盯上查嗣庭的真正原因可能在于他是朝中大臣隆科多的党羽。当时隆科多以与年羹尧里应外合、专权舞弊的罪名受到查处，遭到了四十一条大罪的弹劾。念及他是雍正帝即位时的功臣，最终免于死刑，以判处监禁结案。

文字狱中登场的人物以浙江最多，汪景祺和查嗣庭都是浙江人，接下来的吕留良也是浙江人。雍正帝憎恨浙江人，作为惩罚，下令停止了浙江的科举乡试。停止乡试，意味着那么多读书人无法成为官员的候补人，这一招着实毒辣，浙江人虽对清朝抱有反感，却仍然热切期望成为官僚。好在浙江总督李卫深得雍正皇帝的喜爱，在他的周旋下很快就解除了禁令。

年羹尧死于非命后，岳钟琪接任了四川、陕西、甘肃总督，负责西部边境的军事。由于此人姓岳，被认为是南宋忠臣岳飞的子孙。有一个叫张熙的人特意前去怂恿他反叛，说既然是岳飞的子孙，就应该像岳飞那样为中国人抗击异族清朝的统治。岳钟琪大惊，立刻将此人捆缚交给了朝廷。张熙是受了其师曾静的唆使，在曾静被捕受审后，雍正皇帝得知一部分中国人心中的反满情绪根深蒂固，昭然若揭，他的自信从根本上动摇了。

在此之前，从顺治到康熙初年，浙江有一个叫吕留良的文人，他信奉朱子学，有着强烈的反满情绪，断然拒绝为官，一生过着弃世隐居的生活。他的文集、日记中包含着反满的思想，出版后广为传阅，死后受到圣人般的尊敬，甚至每一任的地方官都对他的祠堂表达过敬意。曾静怀有民族革命的思想，无疑就是与吕留良的著作产生共鸣的结果。雍正帝从对曾静的讯问中得知，吕留良的思想在汉人中广为流行，于是他密令浙江总督李卫收缴了吕留良家中的全部文书。

李卫其实也曾被吕留良的大名吸引，还给他的祠堂赠送过匾额。当他接到命令后十分惊讶，捕缚了吕留良的三个孩子，将他的家人都监禁在家中。书籍因数量过多，一时无法搬运，于是在每个书架上都贴上了封条，抄下目录后仅将重要的部分运往北京。雍正帝对李卫说：

——发生这样的事，朕一点也不惊慌。遭到无理的非难却不动怒，这是朕引以为豪的修养。如果认为朕会因此大乱阵脚，那你就太小看你的主子了。

话虽如此，但心中的动摇无法掩饰。关于这一事件，满洲人出身的总督鄂尔泰和雍正帝的往来书信中有这样的对话：

鄂尔泰：本朝一统天下，至今已有八十余年，代代天子皆有圣人之德，努力学习汉人的教化，结果还是无法从心底扫除汉人的反抗意识，满洲人物也没有能与汉人比肩的。每念及此，都觉得遗憾万千。

雍正帝：实在令人痛心疾首。

鄂尔泰：逆贼曾静实乃禽兽不如，是禽兽中的恶禽。

雍正帝：动怒也于事无补，朕心中平静。既然遇到了这样的怪物，就不能采用普通的办法。走着瞧，你就拭目以待朕的手段吧。

雍正帝从曾静的讯问过程中发现，此人是个愚顽的乡下人，意外地容易对付。曾静耿直的向雍正帝提出了二十七条非难，雍正帝一一作出批驳后，又来质问曾静，曾静最终屈服了。在曾静的议论中，雍正帝最着力反驳一条的就是，清朝是异民族统治中国，不是正统的君主，因此中国人民没有义务为之尽忠。

——自古以来，有人民就必有君主。既然拥戴君主，理所当然要对其尽忠。中国的圣人也是这样教诲的。忠义是人最基本的道德，缺乏忠义就不配为人。真正的君主必须受命于天，这也是中国圣人的教诲。既然是受命于天的君主，就不必问其出身是汉民族还是其他民族。不，没有哪个异民族能像我朝这样堂堂地接受天命。试想，中国乃革命之国，王朝屡屡更迭，而开国君主对于前朝来说就是叛逆者。在元朝看来，朱元璋就是不逞之徒。我大清朝则不同，兴起于满洲，本来就是明王朝的友好国。明朝为流寇所灭，天命才降临我朝，而且我朝并非灭亡明朝而兴起，而是明朝自取灭亡，为拯救人民免受涂炭之苦，我朝才进而统治中国。翻阅历史，没有比这更正当的获取天下的方法了。如果因为是异民族就不堪大任，那么经书中的舜不也是东夷人吗？中国人将蒙古人鄙夷为异民族，蒙古人又轻蔑中国人为蛮子，这样的相互攻讦是后世堕落的想法。忠义是中国圣人教诲的不动法则，是超越民族的无价美德。

雍正帝以自己与曾静的问答为中心编纂了一部书,名为《大义觉迷录》。曾静看后,抵不住雍正帝的尖锐反问,只得理屈词穷地承认自己犯下了弥天大罪,自称触犯天条的罪人,从此诚心悔改。这不能单纯地理解为屈服于帝王的权力,或者是在精神拷问下的强行招供。曾静只是山间农民,听凭风声对雍正帝进行人身攻击,即便送到今天的法庭受审,也会因证据不足而对曾静一方不利。但是,曾静示弱并无条件投降,只是因为这些理由吗?

曾静曾派弟子劝说岳钟琪谋反,雍正帝从岳钟琪以前的奏折和给出的朱批谕旨中挑选了几十件给曾静阅读,目的就是让他知道,自己对岳钟琪是多么信任,岳钟琪对自己又是多么忠诚,曾静的劝诱只是无知的妄想而已。不仅如此,雍正帝还把与各省总督间的数百封来往书信给曾静阅读,让他知道自己对于天下政治是多么热心,多么勤勉。曾静看后果然十分感动:

——我一直冥顽不灵,行同禽兽。如今幸得天子教诲,重新转世做人。天子无一刻不心中挂念天下人民的利益,只要有一处发生洪水或干旱,就会担心得茶饭不思,甚至以绝食来为人民祈祷。从早到晚忙于政务,接见大小官员,御览地方官的报告书和请愿书,没有片刻的闲暇,甚至熬夜到晚上十点十二点批复奏折。我愚昧无知,犯下僭越的误解,虽万死不足以抵罪,但天子救我性命,赐我衣食,这份恩情真是深入骨髓。每写一字我都停笔流泪,最后才写成了这份自白书。

曾静和张熙犯下了不可思议的大罪,最后却都免除了死刑。雍正帝是这样想的:

——汪景祺对父亲康熙帝出言不逊,此举不能饶恕。但曾静的恶言只针对朕一个人,只要明白这一切都毫无根据,对朕也就没有什么损失,就当是听到了山谷间的犬吠和枭鸣吧。既然已经知错悔过,不如赦免了他。这也是让天下人知道,只要诚心悔过,就没有不能赦免的罪。

朝廷大臣认为如此不足以为后世之戒,请求重新科以重罪。雍正帝却不以为然:

——后世人赞成也好,诽谤也好,都是朕一个人的责任,与你们没有关系,休得再言。

然而,吕留良一家的定罪却十分严厉。此案发生在康熙年间,但康熙帝已经毫不知情地去世了,但吕留良对父亲犯下的罪行不可赦免。吕留良被开棺枭首,其子吕毅中斩首,一家老小被流放到满洲为奴。判决下达后,雍正帝还附上了一句,吕留良的著作中不在禁书之列,从这一点亦可见雍正帝的气量。

此事起于雍正六年,到雍正十年年底才结束,是一宗前后长达五年的大案子。正在此间,蒙古西北部的准噶尔部再次活跃,清朝面临不得不再次与之交战的局势。然而,岳钟琪经历了曾静一案后一味表示谨慎,雍正帝也开始下定决心,不能完全依靠汉人武将,必须让满洲人的大将建立功勋,杀杀汉人的威风。那么谁才是满洲将军中最合适的人选呢?这时看中的是傅尔丹。

傅尔丹出身满洲名门,长期以内大臣的身份侍奉康熙帝,同时也有战争的经验。雍正初年,傅尔丹再次担任内大臣,不久升为相当于内务大臣的吏部尚书。傅尔丹赤脸美髯,威风凛凛,武艺出众,深得雍正帝的信任。既然是雍正帝看中的人物,必定也有其谨慎小心的一面。雍正七年三月,傅尔丹官拜大将军,率领国内的二万四千精锐出征。准噶尔部尚未做好战争准备,闻之立刻提出议和,因此决战被延期了一年之久。但是准噶尔部完全没有和平的意思,雍正九年,傅尔丹率军进入外蒙古西北,占领科布多城后,等待着攻入准噶尔部内部的机会。准噶尔部族长噶尔丹策凌心想,如果和清朝的决战不可避免,就必须把对自己最有利的地方作为战场。于是,他派出间谍伪装成逃兵来向傅尔丹献策:准噶尔部现在正是松懈之时,若趁势袭击,必定可以全数歼灭。傅尔丹听说后,不顾参谋等人的劝谏,立刻下令全军出战。

清军从科布多城出发,行军到西方百余里的和通淖尔附近,发现准噶尔部大军早已控制要地,摆开了阵势。清军已无路可退,决意一战。但由于中了对方圈套,战局从一开始就十分不利,增援的蒙古兵率先逃走,清军陷入了四面楚歌的境地,多位名将战死。傅尔丹变装后突出重围,逃回科布多城,但狼狈撤回的士兵总计还不到两千人。

有人早就预言了傅尔丹的败北。岳钟琪造访傅尔丹的阵营时,看到墙上满是刀枪,感到非常奇怪。傅尔丹回答说:

——本官自小勤于武术,如此可令年轻人稍作学习。

——大将军不考虑战略，只凭恃个人的武勇，危矣。

岳钟琪自言自语地退下了。恐怕岳钟琪曾经和傅尔丹谈论过战术，但没有达成一致，所以才会在看到陈列的兵器后心里有这样的判断吧。这样的预言不幸成真，雍正帝也后悔自己的失策，所以在收到傅尔丹败北和请求重罚的报告后，并没有加以深究。

自古以来，提拔政治家容易，选拔大将军却很难。政治家可以不断地更换，但大将军一旦任命就不能随意更换。而且战争只有一次，一旦失败就无法挽回。诸葛孔明是伟大的政治家，但某种意义上并不擅长军事。雍正帝任用年羹尧和岳钟琪并无错误，但却为提拔傅尔丹而输掉了战争。从民族的角度出发，希望满洲大将立下战功，可以说，这也是雍正帝国粹主义的失败。

不过，此次战败很快因蒙古英雄策凌亲王的力战而得以挽回。据说策凌亲王是成吉思汗的子孙，娶康熙帝之女为妻，相当于雍正帝的妹夫。作为外蒙古西部的部长，本来就与准噶尔部水火不容。傅尔丹战败后，准噶尔部乘胜入侵策凌亲王的游牧地，遭到了亲王的迎头痛击，这也是他首次建立功勋。

雍正十年，准噶尔部趁策凌亲王外出，掳获了他的家人。策凌亲王听说后，马上发兵追讨，追到喇嘛庙的光显寺，双方展开决战。策凌亲王在此大破敌军，寺边的河水都染成了血红色。策凌亲王因此获得了超勇亲王的称号。

准噶尔部屡战屡败，其国力也终究不及以丰富的中国资源作为后盾的清朝,于是再次提出了和睦。雍正帝也顾及财政的疲敝,同意讲和,但双方在国境问题上僵持不下,直到乾隆帝时才得以解决。乾隆帝中年时期,清朝出大军平定了准噶尔部,该地就是今天的新疆省。

雍正帝在征战准噶尔部期间,在中央政府内阁以外另设了相当于大本营的军机处,起先称为军机房(军需房)。与军务有关的事务全部交由军机处处理,其最高责任人是军机处大臣。如果军机处的决策关系到国内财政,如征发军需品,内阁必须服从并执行这一决定。于是,内阁渐渐处在军机处的下风,后来不只是军事,国内政治的最高决议权也转移到了军机处手中,内阁成了基于军机处的决定、命令六部付诸实施的中间机构。军机处制度一直延续到清朝末年,成为清朝政治机构的一大特色。

之所以要设立军机处这样的机构,主要是因为明朝实行的内阁制度到清朝时已经不再便利。清初,天子和政府主要官员都是满洲人,朝中也用满洲语对话,中国各省的报告和意见都须由内阁翻译成满文后才能呈送到天子面前。虽然康熙末年满洲官员已大体通晓汉文,不再需要翻译,但作为征服王朝,不可能废除满文而只使用汉文。翻译所需的时间往往会使决断出现延迟,无法迅速处理,甚至在事务在办理期间机密就已泄漏出去。

雍正帝设立军机处,大臣之下有满汉书记官,称为章京。满语文书由满洲章京处理,汉语文书由汉人章京处理。取消翻译后,事务处理变得迅速。正是因为这样的优点,军机处起先只是处理军事的大本营,后来就演变成为处理国内政事的中枢机关。不过,其中的大臣习惯上以文官居多,绝不意味着出现军人政治,而且军机处的最终决定权掌握在天子手中,这一点和内阁是一样的。

军机处大臣之下的书记官章京从年轻麻利的政治家中挑选,虽不能写成名篇,但也必须是下笔成章,章京之下不再设别的书记官。以前中国式官府的下层组织中,有着一群被称为"胥吏"的代笔人,他们从民间请托者手中收取好处,因此弊端丛生。军机处绝不任用胥吏,是纯粹的天子智囊,这一点使得清朝政治摆脱了巨大的隐患。

军机处虽不能说是满洲式的机构,但在不任用胥吏这一点上,至少不能说是中国式的机构。这样新式机构的发明,既有赖于雍正帝的睿智,也是当时满洲人清新创意的体现。

七 独裁政治的极限

夜晚十点、十二点就寝,早晨四点以前起床,起床后就立刻埋头于政务,没有片刻的闲暇,对于如此献身勤勉的雍正帝,我们应当给予高度的评价。但是不得不承认,由于采用了独裁政治的形式,雍正帝的苦心一直没有得到太多的回报。不过也应该考虑到,当时的中国除君主政体外不可能再有其他政体的出现,既然采用君主政体,就唯有把中国宋明以来不断发展起来的独裁制度向前推进。

清朝从满洲勃兴、与明朝正面对抗前后,正是西洋的文艺复兴和宗教改革运动告一段落的时候。作为旧教的一支,耶稣会的传教士为传播福音,不远万里来到中国。清朝入主北京统治四百余州时,正好遇到了两种相异的新文化,那就是中国的汉文化和耶稣会传教士带来的西洋文化。公平地来看,西洋文化自然更胜一筹。康熙帝就是西洋文化的爱好者,他常常把传教士召入宫中,请他们讲授数学和物理,有时甚至还想学习拉丁文。他还在朝廷中召集大臣,向汉文大臣们炫耀新的知识,比如中国数学古来都把圆周率取作三,其实应该是三点一四一五九。汉文化和西洋文化在满洲人看来同属外来文化,康熙帝似乎更多地痴迷于西洋文化。他在位期间编纂的百科全书《图书集成》一万卷最后附上了机械的绘图,虽然机械使用者的衣服全都改成了中国式样,但关键的符号用的还是字母。所以康熙帝能够答应传教士的请求,允许他们在中国境内传播基督教。

雍正帝则与之相反,他是汉文化的爱好者。对于雍正帝来说,完美地统治中国就是至高无上的命令,他的行动和信念都由此而来。统治中国就必须成为中国式的独裁君主,而为独裁君主制提供理论根据的正是汉文化。对雍正帝自身而言,他四十五年间闲居在家,已经具备了足够的汉文化修养,甚至连禅学都被他作为汉文化的一部分加以吸收。既然作为汉人国家的独裁君主,自身也必须成为顶尖的中国式文化人。西洋文化则无助于政治，基督教虽与邪教有性质上的区别，但考虑到将来的纷扰，必须予以禁止。如果把文化评价为一种力，那么当时远离本国的西洋文化终究不是汉文化的对手。大炮也好，洋枪也好，只要在中国加以模仿，就能立刻转变为中国的力量，用以对抗西洋。西洋文化向中国的渗透，此后还需经历上百年的时间，只有当西洋接受了产业革命的洗礼，以世界其他国家所无法立刻模仿的先进文化进逼中国时，他们才可能成为最终的胜利者。

雍正帝虽是满洲人出身，但他的独裁政治已经达到了历代中国出身的帝王所未能企及的高度。恐怕在独裁政治的框架中，再没有比这更加发达的形式了。中国国土广袤，诞生并养育了独裁制度的广袤国土，同时也在嘲笑着独裁政治的无力。即便是雍正帝的独裁政治，也不得不承认，他的政治力量还有很多难以贯彻的领域。

雍正七年秋，雍正帝严令两江总督范时绎缉捕大盗赵七。范时绎立刻通报安徽巡抚魏廷珍和江西巡抚谢明，巡抚等再向下面的文武官员下达公文命令缉捕。虽然众人都红着眼睛寻找赵七，但最终一无所获。这样的大盗必定交际广泛，早已买通了官衙中的人员，所以越是大张旗鼓地布下天罗地网，赵七就能逃得越远。雍正帝捶胸顿足，悔恨万分：

——朕获得情报，你们的辖境内盗贼横行，长江之上都无法安心通行。如今连大盗赵七的名字都已经知晓，却为什么还是抓不住呢？抓捕盗贼只需秘密探得其住处，随后一举袭击擒获即可，手持公文招摇过市，只会让盗贼望风而逃。将这等大事交给你们这些没用的总督，朕真是瞎了眼。若是李卫、田文镜，绝不会做出这样的蠢事来。

赵七最终都没有抓获。独裁君主的权力再大，社会的各个角落中总还残留着无法渗透的领域。

但是，雍正帝独裁政治最大的强敌，最终还是那些奉命抓捕赵七却最终放跑了赵七的官员本身。无论雍正帝喜悦或是愤怒，多数官僚都只是在冷眼旁观，甚至还加以批判。像李卫、田文镜那样的官员，毋宁说是罕见的存在。

雍正帝在追求自己的理想，但官僚们不过是听凭使唤的工具而已。既无文化生活，又不能沉浸于文化人的趣味，更重要的是，还不能为子孙积攒财富，这样就无法作为社会的特权阶层生存下去。对雍正帝来说，特权阶层的存在本身就不合理，所谓特权，也只是天子一人持有的独裁权，天子以外的万民都只有平等的价值。所以，他解放了地方上的贱民，山西的乐户、浙江的惰民、九姓渔户、安徽的世仆，这些贱民阶层从此以后得到了与良民相等的待遇。只要下层人民的生活得到了保证，治安得以维持，清朝就能千秋万代了吧。但若是处理不当，就可能引发革命，甚至颠覆清朝的统治。

当时的中国处在一种资本主义之下。地方上的农民和城市里的劳动者都贫困得难以自立，极端地说，他们是通过向资本家出卖劳动力而维持生计的。也就是说,再生产所需的资本已经集中到了少数的资本家手中。这些资本家中有人从事学问,通过科举踏上仕途,成为官僚。官僚是资本家利益的代表,因此官僚和资本的结合十分紧密,官僚通过政权获得资本,又从资本中腾出一部分作为官僚的后盾。从这种结合的实际操作来看,绝对是不公平的,很多情况下都是以权钱交易的形式进行的。

雍正帝努力地试图切断这种结合,他向官僚支付相当于勤务补贴的养廉银,让他们至少能够养活自己。官僚必须是天子的公仆,而不是资本家的私仆。这场新生活运动从理论上说并没有可以非议的地方,但对于一直相互勾结的官僚和资本家来说,简直就像套上了沉重的脚镣,双方都感到极大的不便。不仅是这个问题,任何对社会问题不满的声音,在清朝的大环境下都会直接以民族革命、攘夷思想的形式撩拨人心。

正像曾静一案中所表现出来的那样,曾静毋宁说是站在社会改革的立场上,憎恶世上的一切不公。虽然这些不合理是宋明以来中国社会的积弊,但在他看来都是清朝政治不作为的结果,于是把矛头直接指向了雍正帝。然而,曾静所批判的社会不公、贫富悬殊、官僚与资本家勾结等社会弊风,正是雍正帝所要竭力铲除的。这也正是曾静在雍正帝面前放弃抵抗,雍正帝也赦免曾静的理由之一。驯服曾静这样的空想家反而是很容易的,棘手的是那些作为社会权势者的官僚和资本家。

雍正帝的治世仅十三年就落下了帷幕,比起其他帝王来并不算太短,但比起在位时间几乎都很长的清朝其他皇帝,就显得十分短暂了。雍正帝所创造的政治模式,至多也只有这十三年的有效期,这里有两层意思。第一是雍正帝般的天子亲理万机的模式,从个人的能力和健康来看,恐怕毕竟是难以长久的。雍正帝所中意的李卫曾这样讲述部下官吏的无能:

——我的财务官布政使叫彭维新,他绝不是个懒惰之人,但是太谨小慎微,文书往来和金钱计算都必须亲自动手才能放心。因此,他每晚都为各种工作善后,直到凌晨两点才能做完。我迫不得已帮他做了很多工作,结果却耽误了自己作为总督的工作。

雍正帝看后责备道:

——开什么玩笑!卿和布政使在同一城中,帮他做工作就觉得没完没了,那想一想朕吧。朕帮助千里之外的地方总督和巡抚处理工作,这要耗费朕六七成的时间啊!

这种事实上帮助地方官分担事务的政治模式是从雍正帝才开始的,雍正帝是否能够坚持数十年之久也值得怀疑。查阅历史上君王的事迹,梁武帝、唐玄宗和明万历帝等,即位之初都勤勉为政,但到了中途就感到厌倦,把政治全部交给了臣下,作为一种反弹,往往容易出现不必要的政治动乱。如果雍正帝能活得更长一些,搞不好就会改变主意而远离政治,或者是由于健康和年龄的原因,再也回不到原先那种紧张的状态之中了。

第二点就是前文说到的官僚和资本家不断累积的不满情绪,十三年还处在可以隐忍的范围之内,一旦超过了这个限度并且不知持续到何时,那就很可能会以某种形式爆发出来。从曾静的自白书来看,他列举了对雍正帝的数条个人攻击,可见根深蒂固的反感情绪依然存在于读书人之中。雍正帝去世时,也许大部分官僚都是一种"好了好了,终于过去了"的心情。甚至还有雍正帝是被女剑客暗杀的传言,这种传言也可以视为知识阶层希望的投影。从某种方面来说,雍正帝是一个被诅咒早死的皇帝。

雍正十三年八月,史无前例的独裁君主因病驾崩。其嫡子宝亲王即位成为乾隆皇帝后,立刻对清朝的政治进行了一百八十度的大调整,也就是恢复了康熙时期的所谓"宽大政治"。然而意外的是,主张并施行政策转变的中心人物,似乎正是最得雍正帝信赖的满洲人鄂尔泰和汉人文人政治家张廷玉。张廷玉为安徽桐城人,出身于大臣之家,是进士出身的代表性官员。雍正三年以后,张廷玉一直担任内阁首班大学士之职,军机处设立后又兼任大臣,堪称雍正帝的股肱之臣。

进入乾隆时期后,鄂尔泰和张廷玉依然占据着朝廷官僚的首席位置,代表着满汉两股势力。两人一致认为,雍正帝不在的情况下已经无法推行雍正式的政治,所以齐心改变旧有的政治方针。不过,两人的最终目的多少还是有些差别的。作为满洲人的鄂尔泰,无论如何都是站在满洲的立场上思考问题,如果像雍正帝那样无视社会权势阶层的意向,满洲乃至大清的未来都是堪忧的。由于君主握有政治上的最终决定权,所以无论怎样的权势官僚都可以一声喝止,或者将其击溃。但那只是一个一个的官僚,而不是整个官僚阶层。雍正帝以自己的努力,终于如愿地改变了官僚组织的一个部分,但官僚制度本身却依然顽固地存在着。雍正的政治模式,在这个拥有不死之术的官僚阶层中缺乏拥护,绝不是清朝的幸事。为了清朝的永续,为了保证满洲人的既得权益,一定程度上承认官僚的私欲,进而允许他们与资本结合,使清朝与他们成为利益共同体,这才是最安全的方法。

汉人出身的张廷玉的想法恐怕有所不同。中国漫长的历史已经证明,汉人的文化是不灭的,政治上异民族的统治也绝对无法动摇这一点,异民族王朝的汉化是历史的必然,现在只不过是时间的问题。无论怎样的王朝,只要是汉文化的保护者,就应该得到汉人的支持。他希望实现汉人的自治,清朝不加介入,只负责武力保护其免遭外敌的侵略。然而,汉文化也就是儒家文化,雍正帝的做法更偏向于法家的做法。大臣的事交给大臣,地方官的事交给地方官,一旦任命就不加干涉,这才是儒家式的政治,也是最自然最永存的方法。雍正帝将地方官员的事务带入宫中亲自处理,这是法家的做法,实在难以认同。清朝应当尊重汉文化,成为汉文化的保护者,换言之就是要优待学者,让官僚生活丰裕。这样的做法最终也会有利于清朝,所以如此引导清朝就是自己作为臣子的忠义所在。

无论如何,乾隆以后的清朝已经融入了官僚阶级和知识分子之中。某种程度上,这也意味着清朝的存在依托于官僚阶级,虽说是选择了一条最安逸的道路,但也是迟早注定的命运吧。

　　清朝决定迎合官僚阶级,采取与他们融为一体的方针。作为交换,清朝让汉人忘记皇帝满洲人的身份,甚至忘记中国周边曾经存在过夷狄的事实。"夷"字在很多古书中遭到了抹杀,明代对清朝前身的记录全部被作为禁书销毁。不仅如此,连雍正帝敕撰的《大义觉迷录》在乾隆时代都被列为禁书,曾被放过一命的曾静此时重新被拖出斩首。由于清朝国运长久,这一政策出现了效果。到清朝末年,人们已经忘记了清朝皇帝是满洲人出身,甚至连满洲人都忘记了自己是不同于汉人的满洲人的子孙。满洲这个历史上伟大的民族最终被汉族吸收,消失得无影无踪。但与此同时,中国社会再次开始出现了雍正帝所担心的那种不健康现象,而且日益加重。官僚和资本的结合造成了纲纪的紊乱,官场的腐败,这些在乾隆中期就已经甚嚣尘上,到了清朝末年更陷入了不忍目睹的无政府状态。

　　那么,既然乾隆时期又回到了康熙时期那种所谓的宽大政治,是否就意味着中间雍正帝苦心经营十三年的政治全都失去了意义呢? 不,清朝三百年中,雍正帝的意义是极其重大的。如果康熙时期的宽大政治直接延续到乾隆时期,那么官场的腐败一定会急剧向前发展,清朝末年的官场腐败现象恐怕会提前一百年出现,那样的清朝,不等西洋文化的进攻就早已经从内部崩溃了。

　　乾隆时期的清朝领土达到了最大范围,但是,乾隆皇帝的武功和留给后世的文化事业,都是在雍正时期民力的涵养和丰富的物质基础上才得以实现的。轻薄的历史时常会忽视这些底层的力量,甚至加以雷同的恶评。在一般的中国文人眼中,对雍正帝的评价并不高,但作为清朝学者中大放异彩的讽刺家和乖戾者的章学诚却称赞道:

——读雍正时期的人物传记,屡屡强调他们的清廉洁白,这其实是不值一提的。雍正帝取缔官吏风纪,根绝贿赂弊害,肃清政界,惩治贪官污吏,实在是千年一遇。那个时期的官吏上官守法,下官廉洁,这是一般的风气。一直以来的贪欲者也被当时的风气所化,完全洗心革面。

这样的评语值得倾听,恐怕这才是对雍正帝最大最美的赞扬,胜过朝廷御用学者的阿谀奉承百倍。

以上就历史上所见雍正皇帝的事迹及其时代背景做了很不充分的概观。眼下只留下一个问题,那就是作为个人的雍正帝的性格。如果我是小说家,应该首先抓住他的性格,以此为中心来展开叙述吧。但作为拙劣的历史学者,我似乎没有这样高明的技巧,只好选择放弃。但是,最后在文献所允许的范围内,我想对他的性格做出一些归纳性的想象,以此为全文作结。

雍正皇帝的血管中,还汩汩流淌着满洲民族那种朴素、纯真、不服输的血液,只是勇武的满洲民族,在移居中国与汉人杂居以后,最终被他们同化,失去了往日的那种蛮勇。雍正帝的父亲康熙帝身上,还留有众多狩猎民族的勇敢,康熙帝年长的皇子似乎都继承了父亲的气质,但雍正帝却稍有不同。从某种意义上说,雍正帝的性格无疑是谨慎、保守、羞怯的。他的兄弟们都随心所欲,不加掩饰地放纵自我,时而争吵,时而酗酒,想成为皇太子就开始政治运动。但保守的雍正帝不与他们为伍,部分原因或许是其生母的低贱出身,使他从小就有自卑感,独自蜷缩在角落里,自然会遭到兄弟们的排挤。但是,根本原因还是在于他的性格,他不是不想加入兄弟之间如火如荼的政治运动中,而是出于生性无法深入其中。

雍正帝自己一定也对这样的性格感到焦躁不安,这就是自身性格的弱点。想要变强,想象兄弟们那样自由地行动,但却无法跨出第一步,一想到这里心中就无比遗憾。学禅的动机也确实由此而来,天生的豪杰是不会和禅学打交道的。雍正帝的禅学,也是满洲民族终于进入反省期的一个征兆。

经常有一种错觉,羞怯的人是软弱的。其实,越是羞怯谨慎的人,内心越是好强。过于好强的人是无法坦然面对胜败的,雍正帝正是如此。过于好强的他,无法和兄弟们大张旗鼓地展开竞争。想要变强的心愿和修养,防止被欺骗和蒙蔽的谨慎,把他的性格塑造成了一座无比坚固的混凝土堡垒。

登上天子之位,身兼大清王朝和满洲民族的双重命运后,雍正帝决心变得更加强大,对他人强硬的同时,还必须对自己强硬。但他又误认为自己性格软弱,在决心面前犹豫不决,最终把安身立命看成是天命。与其说信仰天命,不如说是依赖天命,必须成为圆满完成天命的独裁君主,必须彻底履行这样的义务。妨碍独裁君主光芒的人们,即使不愿意也必须毫不留情地铲除,于是他

113

故宫藏西洋人油画雍正皇帝像

开始了对过去蔑视自己的兄弟们的迫害。直到兄弟们从心底里屈服为止,否则迫害就不能停止。同样的迫害还加给了自己的心腹大臣年羹尧和隆科多。对手越是强大,雍正帝就越会使出浑身的力量,把迫害进行到底。胆敢违背崇高天命者,决不饶恕。

在曾静等人的谋逆事件中,雍正帝的努力十分突出。区区乡下书生,若是普通的独裁君主,只会将这不逞之徒斩首了事。但雍正帝却使出了浑身的勇气来处理这一问题,他从各个角度对曾静的思想进行剖析,然后展开反击,使对手从心底里感到惶恐,不达到这个效果绝不收手。

雍正帝成为天子后就没有半刻的闲暇,但他自幼读书著文,应该会有类似于"世宗皇帝御制文集"这样的著作,但我还没有机会看到。书法足以登堂入室,笔锋强劲锐利,透漏出此人的秉性。所用的印章常常是椭圆边框包裹着的"为君难"三字。雍正帝的为人还影响到了当时御窑烧造的瓷器,现存雍正年间宫中使用的瓷器,素坯之上施以白釉,呈现出纯白润滑的色泽。瓷器上常常绘有五彩的花鸟和纹样,一笔一画都一丝不苟,仿佛端正严谨的雍正帝本人就站在眼前一样。也许御窑的监官平日也经常听到雍正帝的批评,努力迎合雍正帝的喜好,把天子的个人趣味和人物性格都反映到了瓷器之上。

近年来,故宫发现了多种雍正帝的肖像画,其中也有上文所示的珍品。这幅画恐怕出自宫中西洋传教士之手。忙碌的雍正皇帝竟有时间戴上西洋的假发,在宫中接见传教士,看后不由让人欣慰地一笑。

总之,雍正帝是一位本性善良纯朴,可以代表当时满洲民族的人物。所以在他希望成为中国式的独裁君主并为此不断努力的过程中,逐渐创造出了一种中国前所未有的独特的独裁体制。对强者无比严厉,对于没有反抗能力和没有防备的一般人民却爱护有加,甚至愿为保护他们而粉身碎骨。他不喜好战争,这是由他过于好强而无法坦然面对胜负的性格决定的。而且,战争是最不经济的,人民不知会为此付出多大的代价。因此,雍正帝时代没有赫赫的武功,他也没有亲自指挥过军队,即便指挥也恐怕十分笨拙。我们一说到独裁君主马上就会联想到战争,但雍正帝却不是这样,他厌恶战争,是一个彻底和平的独裁君主。然而,没有武功事迹的皇帝更容易被历史遗忘,这实在令人唏嘘。

但更加令人扼腕的是,雍正帝以泪水浇灌的饱含善意的政治,只因采用了独裁君主制的形式,不仅得到的回报少之又少,甚至还产生了与预期相反的效果。独裁君主制能够在中国延续千年之久,必定存在着一定的灵活性,从而适应时代的前进。如果君主制度不包含任何理想,完全沦为肆意脱轨的产物,或者是以坚硬的外壳一成不变地压制着人民,那么,即便是善于隐忍的中国民众也必定会起来推翻它,创造出全新的政治模式。不知幸还是不幸,历代都出现了所谓的明君,他们不断地对君主制的理想和实施加以改良,从而维持着失语大众的信赖,雍正帝的独裁政治正是在这一点上登峰造极。于是,信赖独裁制度的民众开始坚信,只有独裁制度才能治理中国。这对于中国人民而言,实在是可悲的结果。从这一点上来看,不得不说雍正帝的政治真是充满善意的恶意政治。而且,这种充满善意的恶意悲剧至今仍没有结束,正等待着宏大的历史来做出裁决。

参 考 年 表

公元	清	明	史　　实
1615		万历四十三年	清太祖长子褚英去世。
1616	天命元年	万历四十四年	清太祖建国。
1644	顺治元年	崇祯十七年	明朝灭亡,清军进入北京。
1662	康熙元年		康熙帝九岁。
1667	康熙六年		康熙帝亲政,长子出生后很快夭折。
1672	康熙十一年		大阿哥胤禔出生。
1674	康熙十三年		二阿哥出生,皇后去世。

（续表）

公元	清	明	史　　实
1675	康熙十四年		二阿哥被立为皇太子。
1678	康熙十七年	（雍正帝年龄）一岁	四阿哥（雍正帝）出生。
1681	康熙二十年	四岁	吴三桂三藩之乱平定。
1682	康熙二十一年	五岁	沙俄彼得大帝即位。
1683	康熙二十二年	六岁	收复台湾。
1688	康熙二十七年	十一岁	明珠倒台。
1696	康熙三十五年	十九岁	康熙帝亲征准噶尔，于外蒙古击破噶尔丹。
1703	康熙四十二年	二十六岁	索额图被赐死。
1708	康熙四十七年	三十一岁	第一次废皇太子。
1709	康熙四十八年	三十二岁	再立二阿哥为皇太子。
1712	康熙五十一年	三十五岁	再废皇太子。
1715	康熙五十四年	三十八岁	法国路易十四去世。
1716	康熙五十五年	三十九岁	德川吉宗成为德川幕府第八代将军。
1717	康熙五十六年	四十岁	准噶尔将领敦多布进入西藏。
1718	康熙五十七年	四十一岁	十四阿哥被任命为大将军西征。
1720	康熙五十九年	四十三岁	清军在青海击破敦多布军，进入西藏。
1722	康熙六十一年	四十五岁	十一月康熙帝崩，雍正帝即位。

（续表）

公元	清	明	史　　实
1723	雍正元年	四十六岁	正月，雍正帝训谕地方官员。 四月，召还十四阿哥，令其为康熙帝守陵。 十二月，将侍奉中央以外的传教士驱逐到澳门。
1724	雍正二年	四十七岁	二月，颁布清朝的教育敕语——"圣谕广训"。年羹尧平定青海叛乱。 五月，苏努家族流放右卫。 七月，作《朋党论》。 八月，以田文镜为河南巡抚。 十一月，苏努死。 十二月，废太子死。
1725	雍正三年	四十八岁	四月，年羹尧左迁杭州将军。 五月，苏努子类思和若望押送北京。 十月，以鄂尔泰为云贵总督，李卫为浙江总督，高其倬为闽浙总督。 十一月，年贵妃死。 十二月，年羹尧被赐死，汪景祺被杀。
1726	雍正四年	四十九岁	三月，八阿哥改名阿其那（狗）。 五月，九阿哥改名赛思黑（猪）。 苏努子孙被分散拘禁各地。 六月，弹劾阿其那罪状四十条，赛思黑罪状二十八条，十四阿哥罪状十四条。 八月，赛思黑死。 九月，阿其那死。 十二月，苗疆开始改土归流。

（续表）

公元	清	明	史　　实
1727	雍正五年	五十岁	五月，查嗣庭死。讯问类思和若瑟，若望和方济各被带往北京。 六月，若瑟·乌尔陈死。 十月，隆科多以四十一条罪遭弹劾，判处监禁。 十一月，李卫上任浙江总督，高其倬改为福建总督。
1728	雍正六年	五十一岁	五月，田文镜任河南、山东两省总督。西藏内乱平定。 七月，奖赏河南民妇徐氏。 十月，鄂尔泰任云南、贵州、广西三省总督。
1729	雍正七年	五十二岁	三月，傅尔丹任大将军，征讨准噶尔。 九月，颁布《大义觉迷录》。
1730	雍正八年	五十三岁	四月，怡亲王死。
1731	雍正九年	五十四岁	六月，傅尔丹与准噶尔部战，大败。 九月，策凌亲王击败准噶尔部。
1732	雍正十年	五十六岁	正月，召傅尔丹为内阁大学士。 七月，李卫转任直隶总督。策凌亲王再破准噶尔部于光显寺。 十一月，田文镜辞职。
1733	雍正十一年	五十七岁	六月，苏努家族解除监禁。
1734	雍正十二年		

（续表）

公元	清	明	史　实
1735	雍正十三年	五十九岁	八月,雍正帝死,子乾隆帝即位。
1740	乾隆五年		已死田文镜遭弹劾。普鲁士腓特烈大帝即位。

"岩波新书"系列《雍正帝》,岩波书店,1950 年 3 月

《雍正朱批谕旨》解题

——论其史料价值

一 绪 言

《雍正朱批谕旨》是我最爱读的书之一,它和我的因缘真是不浅。现在,在我为此书作解题之前,请先允许我从此书和我个人的关系开始说起。

第二次世界大战日本战败后不久,我决心把清朝十一朝《东华录》从头到尾通读一遍,于是从清朝入关前的《天命东华录》开始起来,经顺治、康熙两朝,当读到了雍正朝的时候,就强烈地感受到世间已经在不知不觉中发生了很大的变化,清朝原先的那种旧观已经完全改变。仔细加以考察后,发现这是因为雍正皇帝这位天子的个性在其中起到了重大的作用。因此很想知道雍正皇帝的事迹,在资料搜集的过程中,这部《雍正朱批谕旨》扑入了眼帝。昭和二十二年(1947)暑期,我放弃了正读着的《东华录》,开始专心阅读《朱批谕旨》。在接下来的两年间,我在京都大学即以"雍正帝及其时代"为题,为学生开设了特殊讲义。然后,昭和二十五年,作为"岩波新书"系列丛书之一,我撰写了《雍正皇帝——中国的独裁君主》一书。我之所以特意选择这样一位不大受欢迎的中国天子为撰著对象,是因为当时压抑不住的一种心情:总想为这位皇帝写点儿什么。

《雍正朱批谕旨》是迄今被清史研究者再三利用的书,但其利用方法却是断片的,而且还很随意。对雍正这个时代以及雍正帝的为人,也只是把他当作介于康熙与乾隆这两位著名皇帝和著名时代之间的过渡皇帝和过渡时代来加以叙述而已。对雍正帝的无知,甚至发生过下面这样的奇谈。

当日本帝国主义还在繁华怒放的时候,北京的日本公使馆里,有几个自命"支那通"的人在一起闲谈,话题忽然转到了雍正年间的事情上。其中有个人突然问道:雍正这个年号是什么时代的年号?座上的一位中国历史研究专家说道:"那是清朝初期康熙之后、乾隆之前的年号。"可是,在座的一位同样自命为"支那通"的人打断了他的话,旁若无人地说道:"不对,不是那么回事。清朝初期的年号谁都知道,康熙、乾隆两者是连在一起的,中间根本没有插入雍正的余地。雍正应该是明朝的年号吧?"当历史学家吃惊地还没有缓过神来的时候,在座的各位就已经在齐声附和这位自命不凡的"支那通"了,连称:"没错,没错,康熙、乾隆是如

此脍炙人口、前后相连的年号,历史学家你可能记错了吧。"通过
多数表决,大家最终还是把雍正当作明朝的年号,认为历史学家
的说法错了。(《伊东忠太建筑文献》第 6 卷《漫笔:多数表决》)

我认为这段故事很有意思,曾一度想把它写进《雍正皇帝》的
序言中。当我请同事们提意见时,大家却批评道:"对于一般读者
说,这个话题其实并没有什么意思噢。"又是一次多数表决把它否
决了,于是最终只好把它从序言中删除了。

然而在我们看来,雍正帝在位虽然只有短短的十三年,但正
是其在位时期,清朝国内政治、社会等各领域的基础均得以奠定。
雍正皇帝的人物特性,在清朝是唯一的,甚至作为父亲的康熙帝
和作为儿子的乾隆帝,在雍正帝面前都要逊其一筹。我这里用了
"我们"这复数人称来说话,是因为我在向各位同事征求意见时,
同事安部健夫教授完全赞同我的意见。实际上,在认真通读《雍
正朱批谕旨》这项工作上,安部教授比我似乎要早得多。因此我
和安部教授商量,决定召集同好者,对《雍正朱批谕旨》进行再一
次的详细阅读,将史料用卡片分类,制成堪称《雍正时代史》这一
中国历史上某一时期的详尽的断面图,作为理解清朝历史乃至中
国历史的一个手段。为实现这项计划,规定每周星期五下午同好
者在一起讲读《朱批谕旨》原文,从昭和二十四年开始一直到现在
的昭和三十二年,前后坚持了八年。我们同事之间的多种读书
会,从来没有持续过这么长的时间。有的年份,连寒暑假都不休
息,每周一次几乎没有间断,有时周五正好碰上除夕,即使在这一

天,我们还是占用了人文科学研究所的会议室,以致办公室向我们提出了这有碍防火措施的抗议。可见《雍正朱批谕旨》是一种多么有意思的书了。如若不然,大家绝不会如此热心地来钻研的。这样,我们逐渐脱离了文献学的研究,想进一步把它当作历史资料来进一步深入探讨,昭和三十一年度,我们获得了文部省科学研究费的补助,开始着手展开"雍正时代史的综合研究"这一课题。

我们最初用的本子是人文研究所所藏的木刻版本,这个版本与京都大学文学部所藏木刻本相比,形式上多少有些差异。后来得知世上还存有石印本,作为底本,石印本应该更加准确,而目前所用的两种木刻本都不是原版。原版当然就是殿本,因此很想弄到一部殿本的《雍正朱批谕旨》。

非常意外,昭和二十九年夏天,我因别的事情去了东京,从东京大学正门前往学士会馆的途中,信步走进了森川町的一家旧书店,忽然看到了一堆又脏又旧的书,好奇地打开书帙一看,竟然是地道的殿本《雍正朱批谕旨》,十八函一百十二厚册,全部高高地堆在那里。据书店的人说,这是几天前从广岛一带运来的,昨天才摆上店头。我赶紧跑回京都,四处奔走,筹措书款八万日元,在同事们的热情帮助下,最终由文学部出资买下。这完全是一场巧遇,除了雍正帝的神灵在一心摄合以外,没有其他理由可以说明。书到以后大家一起对比版本,发现其他版本中文字上存在的疑问,通过殿本并无法全部解决。虽说是殿本,文字上的舛误依然存在，如将"冰蘗"误刻为"冰蘗"即是一例（第 2 册，齐苏勒，"雍正三年九月初十"条）。然而，能够用殿本《雍正朱批谕旨》来对读其他各种版本，确是我们最大的幸福。

《雍正朱批谕旨》是朱墨套版印刷的精本。墨字部分是臣下的奏折，上折的地方官从总督、巡抚到布政司、按察使、道员，武官则包括提督、总兵等等，全部共二百二十三人。在这些墨字的行间或奏折的最后，雍正帝用朱笔写上了批示，这就是"朱批"。可见"朱批谕旨"这一名称，并不能表示此书的全部内容，实际上它是雍正年间地方大员所上的奏折和雍正帝的朱批谕旨两者的结合。其史料价值，不用说更多地存在于墨字部分臣僚的奏折当中，而奏折加上了天子的朱批谕旨，其史料价值则益发增大。再者，朱批谕旨本身当然也有其独特的史料价值。

这里必须首先交代清楚的是，墨字的奏折，并不是大臣上给皇帝的普通奏章，它采取的是所谓"奏折"形式的文书，与普通上奏时采用的"题本"不同。被称为"题本"的普通奏章，必须通过通政司上达于天子，天子批阅后而由中央政府即六部、内阁公开处理。但这种称为"奏折"的奏章，是臣下上呈给天子个人的亲启信，是从后门直接呈到天子手里的私信，只能由天子自己打开并私下处理。这种制度之所以出现以及如何运作，是阅读和利用《雍正朱批谕旨》的必备知识；同时，这些知识也只有在读了《雍正朱批谕旨》之后才能体会得到。在讨论这个问题之前，我想概要地叙述一下雍正皇帝及其时代。

二　雍　正　时　代

雍正帝是清朝从太祖努尔哈赤算起第五代皇帝，从征服中国、君临全土的顺治帝数起，则是第三代。正像通常所说的那样，在君主政体下，第三代处于决定其王朝盛衰的重要转变期。雍正帝正是第三代，是卓越地完成了第三代必须完成的任务的英主。清朝的政治方针，可以说大体是在这个时代确定下来的。作为清朝制度的特色，如皇太子密建法，设立军机处，向官员发放养廉银等，都是雍正时期定下来的。

那么，雍正帝所面临的第三代的事业，具体地说来指的是哪些呢？我是这样看的，同样是第三代，出身于满洲而君临中国的第三代，自有其独特的第三代的任务。这项重大的任务就是，从满洲的原始体制向中国式的独裁君主体制转变。

满洲时代的女真人，无疑保持着自己的氏族制度。但他们的氏族制度，一旦进入到了进步的中国近世社会，就必然地要向中国社会业已发达的独裁君主制转变。但是，它又不可能一下子就从氏族制飞跃到独裁制。这恰如动物学里所说的那样，个体进化是以反复的系统进化的形式来实现。也就是说，满洲人在极短的时期内，必须要经历一下中国三千年的历史不可。更具体地说，如果氏族制代表古代，那么只有经历了中世纪的封建制之后，才能进化到近世的独裁制。不用说,这一发展过程并不是自然而然地从内部产生的,而是由外部的刺激所引发的。因此,在实际的发展过程中,虽然历经混乱,甚至前后矛盾,内外冲突,但只有这样才能达到最终的目的。

从满洲时代的太宗开始,经历了入关以后的顺治朝,到了康熙初年,清朝的满洲人政权已经呈现出了显著的封建色彩。从当时满洲民族最自然的想法来看,清朝政权当然应该是像下面所说的这样:

首先,以天子为圆心,皇族的成员划定一个小圈,每人都在其中占有一席之位。宗室虽低天子一等,但其地位并非当时的天子所赐,和天子是历史的产物一样,他们的地位也是历史的产物。不言而喻,天子之所以为天子,是由于宗室确认了天子的地位,从而天子负有尊重和保护宗室特权的任务。换言之,天子是宗室的象征,同时也是宗室的共有之物。所以宗室对清朝政治有着特别大的发言权,其责任极为重大,同时也就不得不相应地承认其享受的那部分既得权利。

在宗室小圈之外,再划定一个中圈,每一个满洲人都在其中占有一席。宗室和一般满洲人之间,在权利和义务上有等级之差,这种差别,和上述天子与宗室之间的差别属于同一性质。最后,在满洲人的中圈之外,再划定一个大圈,来安置汉人。汉人在权利上比满洲人低一等,在义务上则比满洲人重一层。但在这一方面,并不是满洲人占有了汉人,而是满洲人由于历史赋予的权利得以君临汉人。

从这三层圈的侧面来看,则呈现出了以天子为顶点而形成的金字塔状,上层是宗室,中层是满洲人,最下层是汉人。各阶层各有对其上层服役的义务。以上可能就是当时满洲人心中描绘的清朝政权的理想模式。

像这种阶层状的封建体制,中国社会在很早就已经经历过了。中国近世独裁君主制的理念,否定了在君主和人民之间存在着特权阶级。从独裁君主的立场来看,统治人民的只应该是君主一人。但人民人数众多,君主只是一人,因此为了统治人民,不得不借助于官僚之手。但在君主看来,官僚应该只是天子的助手,不应该形成集团,从而成为介于君主与人民之间的特权阶层。天子与人民之间有很长的距离,但这只意味着天子的尊严,这么长的距离之间不许出现其他任何隔离,以妨碍君民彼此之间直接的思想交流。所以,官僚理应是最富传导力的电线,而不能自己发电自己消费。

但是,清朝的统治者是不同于汉人的满洲人,由于这样一种特殊的历史背景,我们在考察实现独裁以后的清朝天子的地位时,就不难看出他们必然地具有双重性。这就是说,清朝皇帝是满洲人的天子,同时又是汉人的天子。种族本来不同的满洲人和汉人,为了拥戴共同的天子,建立了可以说是兄弟般的关系。清朝天子口头上常说"满汉一家",这并不意味着满汉全无区别,只不过是虽然有种族上的区别,但又不完全是外人。

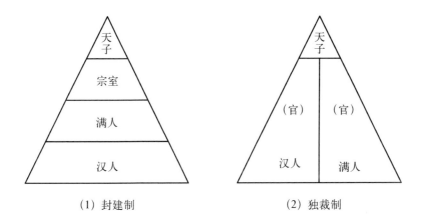

（1）封建制　　　　　　（2）独裁制

　　因此清朝天子是站立在满洲人与汉人这两根支柱上的统治者。要把这两个民族都作为自己的人民来统治，那就必须设置官僚，而官僚又不应成为特权阶级，应像线一样没有幅度，像管子一样中间空虚。

　　清朝初期的历史，是君主权力伸张的历史，而君主权的伸张，具体说来，就是由上述第一种形式的封建制向第二种形式的独裁制的转变。太宗之迫害兄弟，顺治帝之剥夺睿亲王家的特权，康熙帝之杀戮权臣鳌拜等事件，都是沿着这条线展开的，是不可避免的悲剧。结果，到了康熙末年，加上康熙帝在位长达六十一年这个个人因素，清朝的政体已经基本接近了中国式的独裁君主制形式。

　　雍正皇帝就是在清朝这样的历史背景下即位的。个体进化反复发生这一原理，对雍正帝个人来说也不能不起作用。这就是说,像清朝在其初期短短的几十年间不得不经历中国社会几千年历史的缩影一样,雍正帝也不得不在其即位以后的数年间,经历清朝数十年历史的缩影。而沿着这一条主线发生的悲剧,就是雍正帝对兄弟阿哥们和宗室苏努一家的迫害,以及对大臣隆科多等人的镇压。

既然清朝政治上的独裁制轮廓业已基本形成,那么,雍正帝以个人的努力,确立独裁制应该是极易取得成果的,但事实上并不这样简单。因为宋以后中国近世的独裁制在理论上虽已完成,但实际上并没有完全实施。而阻碍君主独裁制彻底实施的,是官僚阶层的特权。官僚阶层的特权化,只有在他们之间相互勾结、结党谋私时才能出现。这种结党谋私发展到极端,就是中国历史上常说的"朋党"。

从中国君主独裁制的理论上来说,官僚因其地位系天子恩赐,因此他们只是天子临时委托的管民机构,他们的作用只是连结天子与人民之间的输电线或通气管道。因此,官僚必须是一个一个地直属于天子,官僚之间不允许存在横向的联系。倘若他们建立起了横向的联系,形成了一个集团,那么就会为官僚自己的利益积极行动。人民之上具有特权的只有天子,在天子面前,一切人等都应失掉光辉、化为平等,这是君主独裁制的终极理想。然而实际上,独裁君主与其人民之间却出现了官僚这一特权阶级,形成了半封建的等级社会,进而侵害了天子的独裁权力,而这种危险还在不断加剧。独裁君主不得不经常与妨碍其独裁权的官员展开长期的斗争。因此,中国近世的历史,很大程度上可以将之视为独裁君主与官僚之间不断暗斗的历史。而这一点,从清朝初期到康熙帝的历代天子,以及本文将要叙述的雍正皇帝,概莫能外。

康熙帝在其即位之初直到晚年,不断地为官僚之间的朋党斗争而苦恼。尤其是围绕皇储问题发生的事情,更使得他苦恼万分。雍正帝即位后,这种情况并未很快消除。雍正帝制服其兄弟阿哥们,以及诛戮官界大人物、政界巨头、汉军出身的大将军年羹尧,都是对"朋党比周"之弊的弹压。

雍正帝真正实现了中国近世独裁君主制的理想,在世界历史上也是罕见的独裁天子。所以能这样,是为他在某种程度上解散了官僚的私人结合,使官僚一个个直接隶属于自己,随心所欲地驱使他们,使他们不敢轻举妄动。这种困难的事业,不是单靠通过天子的权力来威胁官僚就能成功的,它需要一定的策略和一定的准备,同时又要有恒心和诚意,这是我们不能忽视的。

三 奏折政治的出现

雍正帝即位的第二年,即雍正元年春正月初一,一天之中颁下谕旨十一道给天下官员,对总督、巡抚、督学、提督、总兵、布政使、按察使、道员、副将、参将、游击及知府、知州、知县等谕以个人注意事项,因此这些谕旨可以视为阐明雍正施政方针的文件。其中普遍提到一件事,用当时的话来说,就是要求以所谓的"名实兼收"之弊为戒。雍正帝在谕旨中说:

> 今之居官者,钓誉以为名,肥家以为实,而曰名实兼收。
> ——《实录》、《东华录》"雍正元年春正月朔日"条

这里虽以"名"与"实"相对立,但实际上只是同一事物的两个方面。何以这么说? 因为,"名"在官僚社会里就是"面子",有面子就能获得好位置,有了好位置就可致富,从而收得肥家之"实",致富以后,便可拿富作为资本,使面子更有光彩。官僚生活中的"面子"即"名誉",是为官者的重要资本,与富互为表里。而名誉则主要是通过交际获得的,学问只有当作交际手段才被获得重视,政治也成了交际的牺牲品。官员的交际费用哪里来? 说到底还是人民,因恶政而不得不承受苦难的牺牲者,也不外乎就是人民。最终要对人民的种种怨嗟负责的,只是天子一个人。官僚在形势险恶时,可以屈服苟合,甚至可以倒戈相向;只有天子一旦丧失了政权,才不得不与王朝共亡。因此,绝对不允许官僚以天子与人民为牺牲而"名实兼收",为了表示这样的决心,雍正帝在改元第一年的第一天就颁布了这十一道谕旨。

雍正帝最痛恨官僚的横向结合。官僚如果横向地结合起来,天子自然就会脱离人民,天子的独裁权就将掌握在官僚手中而被

断送。这就是"朋党"所带来的不可避免的结局。

朋党之弊在中国历史上早已有之。宋代以来的独裁君主,差不多都在神经质似的警惕并弹压官僚们的结党。然而,北宋名臣欧阳修写了一篇《朋党论》,欧阳修在文中说,世人皆云"朋党者乃小人之习,君子不朋党",但这种说法是错误的。欧阳修进一步认为,小人以利害相结合,故其结合不能持久,君子以同道相集而为朋,故其团结坚固。

对此,雍正帝于雍正二年七月御制《朋党论》颁发给诸王大臣,斥责欧阳修之说为"邪论"。雍正帝说,欧阳修之所谓"道",追究起来也只不过是小人之道,欧阳修此论一出,小人之流则更不惮假同道之名而行朋党之实。事实上君子不党,结党者皆为小人。如果欧阳修生活在今天,朕必饬之而正其惑。这是他御撰《朋党论》的基本精神。

朋党必须排斥,而通过官僚制度把庞大的官员组织起来,依靠上下统属的关系确保一丝不乱的秩序,这一点更是非常必要。从地方行政制度上来说,上有总督、巡抚,次有布政使、按察使两司,再次有道员,再次有知府,最后有知州、知县。中央政令依序下达,地方基层的事务反过来依序上呈,经总督、巡抚之手转达中央。在这一过程中,总督、巡抚的权限是非常大的,作为独裁君主,若使总督、巡抚为首的地方官僚体系形成稳固的封建式上下关系,那么就不得不防止地方权力的分散倾向。

总督与巡抚同是天子派往地方各省的最高政治责任者,天子要求他们将各地事务向自己汇报并请示指令。汇报请示的形式有两种：一称"题本"（又称"本章"），是公文书；一称"奏折"，这是地方大员与天子之间的私人信件。

"题本"是一省之长总督、巡抚上呈天子的公开文书，因此"题本"上盖着官印，以示公务人员的资格。这种文书由驿递送到北京，经过通政司的衙门报送内阁。内阁抄录后留下文书的副本，把正本送到天子手中。天子召内阁大学士至宫中听取意见，商量决定对文书所陈事宜的处理意见，逐件予以批示。决定之际，按事物的性质征求六部及其他相关衙门的意见，决定之后，由事务的负责部门通知地方总督和巡抚，再由总督、巡抚转达下级官厅。事务往返都通过公文的形式，当时特别将这种由总督、巡抚通过"题本"经内阁向天子汇报的事务称为"题达事件"。财政、司法、行政等各有其依据的法律或先例，可以根据法律或先例来处理的事物，大致属于"题达事件"。

但是在此之外，总督、巡抚还可以以私人名义向天子上呈文书，这类文书称"奏折"。奏折之中，有些是到任后的汇报，有些是过年过节时的问候，这叫作"请安折"；有些则是极其秘密的密报，这叫作"奏事折"。总之，奏折上所写的，都是没有必要让中央政府官员知道或者不能让他们知道的事情，而是只有天子本人才能展阅的内容。因奏折可以说是总督和巡抚写给天子的亲展信，因此没有必要盖上官印。

奏折制度，想必自清朝开国之初就已存在，近年北京故宫发现的康熙年间的奏折,里面有各种有意思的史料,这些文书曾以《文献丛编》、《明清史料》、《史料旬刊》等名称逐次公布于世。

雍正帝为了确立其独裁制权力,禁止地方官员结党营私,力图使每个官员都直接向自己负责,充分利用的就是这个奏折制度。一直以来,地方官员中有资格向天子上折的是总督和巡抚,在非常特殊的情况下,其他官员也可以秘密上奏,但这仅限于极其特殊的场合。雍正帝则突破了这些框架,可以上折的官员不再限于总督、巡抚、布政使、按察使、提督、总兵,就连一部分道员和知府,也要求他们以奏折的形式向天子汇报地方工作。

知府以上的官员,在赴任之前首先会被召至宫中觐见天子。这时,天子就地方政治给以谆谆训谕,特许其到任后可以向天子呈递奏折,并为此特赐被称作"折匣"的文箧四个。这种"箧"长八寸八分,宽四寸四分,高一寸五分,表面涂黄漆,里面裱黄绫,带锁,开锁的钥匙有两把,一把由天子保存,一把交给当事官员。

官员到任后,应尽快将到任前后的情况通过奏折向天子汇报。这封奏折应照原样把天子引见时的训谕复述一遍,并立誓永远遵从训谕的精神行事。奏折送出时,先把奏折放进所赐的折匣,锁上锁,然后再在外面进行严密包裹。奏折送北京时,总督、巡抚可以利用驿递,也可以派遣武官上京,至宫中乾清门入口处的奏事处,公开递上折匣。而原本没有上折资格的布政使、按察使及其以下官员,则特派私仆,尽量不惹人注意地进京,至天子指定的大臣家呈递折匣,请求将之奏呈天子。布政使以下的官员,性质上属于总督、巡抚的下属，如果堂而皇之地直接与天子通信，可能会使作为上司的总督、巡抚产生顾忌，因为才采用了这种方法。

折匣送到天子手边，天子用自己的钥匙打开折匣，取出奏折阅读。奏折中复述的训谕如果出现差错，就用朱笔一一订正，并谕以"朕之训谕应切记勿忘"等语；如遇有其他要事，也可以用朱笔批示在奏折的空白处。审阅完毕的奏折再一次被放入折匣，加锁后照送来的顺序退回给上折的官员。天子在官员上呈的奏折上用朱笔写下的文字，就是"朱批谕旨"。这也可以说是天子对奏折所陈内容的回应。

接到带有朱批奏折的官员，在敬谨拜读之后，必须再次将它放回折匣送回天子手中。这种天子与官员个人之间的文字通信，必须绝对秘密地进行，官员对自己上折的内容和天子的朱批谕旨，绝对不许泄露给他人，而且这些内容也不许抄录。不仅如此，就连总督、巡抚以外的官吏上折天子之事，也不许公开出去。

召见时给予四个折匣的理由，是因为预计从任地到北京之间有不断往返的可能。到任以后的官员，从此便应承担起将辖地内的民政、军事等事务事无巨细地向天子汇报的责任。

雍正帝采用的这种新办法，亦即可称为"奏折政治"的方法，从中国的传统看来绝不是儒家式方法，而是法家式的方式。何以这样说？因为儒家政治的理想，是在录用或任命官员以前进行详细考察，一旦任命，就必须完全信任，绝不从旁干涉。对于任命后不能胜任的人,则认为根本就不应该任命。

但是,雍正帝的做法,是不把地方一省的政治完全托付给长官总督和巡抚,而是在任命其为长官的同时,依靠其下属的布政使及其以下官员的报告,对地方行政进行监督。马尔齐哈曾引《论语》的话"笾豆之事则有司存",却遭到了雍正帝的严厉训斥。雍正是这样说的:

> 其心欲朕不加详察,则伊等可以邀结党与,任意擅行。
>
> ——《实录》、《东华录》"雍正二年五月甲寅"条

可见,雍正帝认为,如果无条件地对少数官员委以大权,便立刻会出现结成朋党的危险。

四 奏折与朱批

雍正帝之所以要求地方官员递呈奏折,还由于他的确想了解地方的真实情况。他在给陕西宁夏道鄂昌的朱批谕旨中说:

> 今许汝等下僚亦得奏折者,不过欲广耳目之意。于汝责任外一切地方之利弊,通省吏治之勤惰、上司孰公孰私、属员某优某劣、营伍是否整饬……凡有骇人听闻之事,不必待真知

灼见，悉可以风闻入告。只须于奏中将有无确据抑或偶尔风闻之处，分析陈明，以便朕更加采访。……但密之一字，最为紧要，不可令一人知之。对汝叔鄂尔泰，亦不必令知。(《雍正朱批谕旨》第 92 册，鄂昌。以下书名从略，仅指明册数)

鄂昌的叔父鄂尔泰，是雍正帝最信赖的满洲宠臣。即使在此叔侄二人之间，也不许告知奏折的内容。派往江南第一大城市苏州的织造，是内务府任命的官员，负有特殊隐秘的任务。雍正在对苏州织造李秉忠的朱批中说：

苏州地当孔道，为四方辐辏之所。其来往官员暨经过商贾，或遇有关系之事，亦应留心体访，明白密奏以闻。(第 89 册，李秉忠)

这样看来，许可地方官员上折天子，是授以很大的特权的，同时也是加重其义务和责任。如果轻视这个义务，必将受到雍正帝的督促乃至叱责。

地方事宜，如民情吏治，年岁丰歉，何故未见陈奏一字？(第 75 册，柏之蕃)
朕谕尔兄(按原谕为董象纬之弟象台)，居官惟务巧饰，自到广以来,未具一切实之奏,通省岂无一件可闻于朕之事?
(第43册,董象纬)

在对直隶省霖雨奏折的批示中说:

奏报如此怠慢,甚属不合。(第76册,杨鲲)

虽然这么说,但地方官如果将琐屑的事情反复上奏,则会遭到"何
以将此毫无意义之事渎奏"一类的谴责。

朕无暇细览此等琐屑之计簿也。(第13册,费金吾)
尔身任封疆,当知大体,似此琐屑不应奏之事渎奏,必有
应奏之事隐匿而不奏闻者。(第19册,塞楞额)

可见奏折的内容,非有独特的价值不可。如果将已在题本中上奏
或应以题本上奏之事写入奏折之中,雍正帝会因"何故采取二重
手续"而发怒。

似此已题案件,何必又多一番烦渎?此皆居心不实。(第
25册,常赉)
此应具题之事,何得折奏!(第91册,巩建丰)

同时,刚到任就匆匆过早发表独特的政见也不是件好事。

> 且尔甫经到任,尚未周知地方事宜,遂为此未见颜色之瞽论耶?不过据一二属员之书生管见,即率尔道听途说,公然具折上奏,殊属孟浪妄谬之至。(第31册,法敏)

雍正帝从地方官员那儿广收奏折,不单是取来而已,而是整篇细读,并在细读之时随手以朱笔批示训谕。《世宗圣训》卷七《圣治》雍正八年七月甲戌上谕云:

> 各省文武官员之奏折,一日间尝至二三十件,或多至五六十件。皆朕亲自阅览批发,从无留滞,无一人赞襄于左右。宫中无档案可查,亦并无专司其事之人。如部中之有司员、笔贴式、书吏多人,掌管册籍,翻阅规条稽查原委也。朕不过据一时之见,随到随批,大抵其中教诲之旨居多。

《朱批谕旨》中也说:

> 朕立志以勤先天下,凡大小臣工奏折悉皆手批。外人亦不信。(第50册,鄂尔泰2)

自己确有以勤勉率天下之意,因此对臣下的怠慢无法忍耐。尤其是辛辛苦苦写下朱批,若被臣下忽视而毫无反应,此时的雍正会非常恼怒。

> 黄叔琳自任浙抚以来,大负朕恩。种种不可枚举,朕经严谕数次,竟无一字奏复封还朕谕,可恶至极。(第 18 册,陈世倌)

> 观汝景况,朕所颁赐朱批谕旨总未过目也。昏愦错谬,何至于此!(第 99 册,程元章)

> 朕诲汝许多格言,何啻珍宝。况悉系亲笔所书,未见汝感激奏谢一字。似此随众赏赐些微物件,乃长篇大论以相烦渎,殊属不知轻重,不识大体之至。可惜朕一片苦心训诲汝如此顽蠢之人!自此亦不再训,亦不赏赐矣。(第 39 册,石云倬)

雍正帝认为,官员最大的罪恶就是怠慢政事和隐匿不实。这不仅有害于政治,更违背他想了解真实情况的意图。雍正帝追求真实情况的精神,和当时考据学实事求是的精神是一脉相通的。

> 凡事如此,据实不隐方是。(第 12 册,杨琳)

> 汝对丁士杰果有此言乎?丁士杰之被参或有冤抑乎?其据实奏闻。……朕但欲得事之真情而已,非为丁士杰起见。

（第 39 册,石云倬）

因此,若有隐匿,必严加叱责,但遇过失能率直开陈而乞求宽恕的,则立刻息怒。

此所奏分数(按指二麦收成)皆属太过。似此虚捏,何益之有?（第 25 册,何世璂）

江宁城内,正月以来连次被盗,兼有旗兵种种不法举动,朕悉于他处闻之。汝今何颜对朕? 若云不闻不见,是乃无耳无目的木偶人也。如知而隐匿不奏,辜负朕恩,有过汝者乎?（第 76 册,噶尔泰）

不可通同欺蔽,即使尔阖省一气共相隐瞒,朕亦另有访闻之道凡百处。（第 45 册,尚潆）

汝于广东任内有数事欺隐,朕深为寒心。（第 92 册,阿克敦）

分派营伍一事,如何情由? 其据实陈奏。如知悔过,朕尤宽恕。若仍欺隐,恐未必妥也。（第 45 册,佟世锦）

似此认咎直陈,不事文饰,情尚可恕。但当奋兴砥砺,以期无忝此任。（第 98 册,杨馝）

此数起盗贼情形(按指衙门被窃事),朕早闻之,汝幸实陈。倘匿不奏闻,其祸莫测。（第 75 册,陈玉章）

如此贯彻实事求是精神的雍正帝，很讨厌臣下奏折中有阿谀言词，同时，官僚过分自卑的态度，也令其十分气愤。江西布政使李兰奏折中有"皇上之洪福"的字眼儿，雍正帝的朱批是：

朕深厌此种虚文。（第35册，李兰）

对福建布政使赵国麟奏中说自己"一得之愚"的朱批是：

用愚字处过多矣，朕岂有肯畀愚人以藩司之职！（第96册，赵国麟）

就拿这样的话来告诫他。对于中国式的虚作文饰、可以不必过问的地方，他也非用朱笔纠正其夸张的言辞不可。

（墨字）臣虽粉身碎骨。（朱批）不必至此。（墨字）至死以报。（朱批）何用如是！（第28册，宜兆熊）

（墨字）臣每当官兵聚集之公所，必大声疾呼，委曲开导。（朱批）因欲众人听闻，大声是矣，疾呼似可不必。（第46册，蔡良）

（墨字）赏臣花屯绢两匹、蜜荔枝一瓶。……缝衣有耀，顶踵皆被龙光；怀核亲尝，肺腑常含玉液。（朱批）衣只被身，何

143

及顶踵？核岂足尝，难入肺腑。概属套语，浮泛不切。（第38
册，王士俊下）

但有时对臣僚卑恭之辞也认可赞同，或更用强烈的词句加以
替换。

（墨字）臣自知器小才庸。（朱批）将己之态度一语写出如
画。（第29册，沈廷正）

（墨字）战慄惶悚。（朱批改）羞愧汗赧。（第66册，
宪德）

他的朱批有时辛辣，有时讽刺，但若发现自己有错误，则不惮率直
自认。

朕前谕误矣。（第28册，宜兆熊）

朕严行批谕，系出一时之见；随于各处访询，知尔所奏颇
属有理，前谕错责汝矣，候另有旨。（第45册，杨鹏）

雍正帝的奏折政治，一方面是对官僚的政治教育。从受教育
的官员方面来说，这是一大考验。经得住这种严格考验，始终受
到雍正帝恩顾不衰者，仅仅是满洲人鄂尔泰和汉军八旗出身的田

文镜以及捐纳出身的李卫等数人而已。而科甲出身的政治家均不在其中。何以如此？因为科举最容易成为朋党之温床，科甲出身者多为私情所累，难持公正无私的态度。

在阅读《雍正朱批谕旨》时，在来往的官员奏折和天子朱批中，有一种情况尤其引人注目。刚开始，君臣之间的交流情况颇好，但半途便阴云密布，最后终于蒙受雍正帝的恶骂，从而销声匿迹，这样的官员为数不少。

　　　殊属迂阔不通之至！（第 36 册，楼俨）

　　　满口支吾，一派谎词！（第 45 册，马觌伯）

　　　庸愚之极。欺诳瞻徇，昏愚无识之督抚！（第 28 册，宜兆熊）

　　　汝辈不忠不诚，凡夫俗子之所欺诳也！（第 41 册，岳超龙）

　　　不学无术，躁妄舛谬。（第 6 册，石礼哈）

　　　可谓良心丧尽，无耻之小人也！（第 42 册，管承泽）

　　　可谓无知蠢钝之极！（第 32 册，武格）

　　　如此负恩背理，老奸巨猾，败坏国家法纪之人！（第 46 册，魏经国）

　　　似汝忘本背恩，刚愎自用之辈！（第 33 册，伊拉齐）

　　　大欺大伪，大巧大诈！（第 2 册，杨名时）

……则为木石之无知,洵非人类矣。(第 29 册,沈廷正)

即禽兽不如之谓也。(第 14 册,黄国材)

洵为大笑谈!果系年老昏聩乎?汝据实奏朕知之。(第 45 册,杨鹏)

纵然是在与臣下的私信之中,如此对臣下肆意谩骂的天子,在历代君主中实难看到,恐怕西洋近世的独裁君主中也是没有的。

到了雍正十年,雍正帝决定将身边堆积如山的朱批奏折照原样付梓。其目的何在?雍正帝本人可能有种种想法。他自己大约也意识到了自己的严酷政治在世间必无好评,尤其是在科甲出身、从来都占据官界主流的官员之间有着强烈的抵触情绪。雍正帝可能想到了自己死后,这些科甲出身的官阀在官界卷土重来,预计有人会颠倒黑白,非议雍正朝的政治,因此感到有必要表明"事实是这样的",故而筹划将机密文书全部曝光。

出版工作似乎在不断进行,但在雍正年间进行到什么程度,其中详情并不十分清楚,只是从书中收录的最后一道奏折为雍正帝病死前不久的雍正十三年八月这一情况来推测,全书的完成当在进入乾隆年间以后。并且,据《啸亭杂录》所言,出版的只是很少的一部分,还有比这多几倍的加有朱批的奏折,大量堆积在宫中保和殿东西两庑之中。

在这种背景下出版的《雍正朱批谕旨》,就像上面所介绍的那样,是和世间一般的史料集相似但其实非常不同的一部特殊的书。尤其是雍正皇帝的朱批,明晰无比,读来令人心胸开阔,称之为"天下第一痛快书",恐怕也不算太过。

五　题本与奏折

官僚有官僚的体制,它必须得保持上下系统一丝不乱的秩序。可是,雍正帝使地方总督、巡抚的下属布、按二司及道员、知府直属于自己,让他们递呈奏折,这样就不能不招致官僚体系的紊乱。雍正帝并未忽略这一点,而是用心颇深。他让总督、巡抚派使者到北京,到乾清门把奏折递呈奏事人而转送天子;另一方面,他命令二司道府派私人到北京,托怡亲王或内阁大学士张廷玉、蒋廷锡等密呈天子。湖南辰沅靖道王柔,以赍折使者途中或遭盗劫为理由,曾上奏称拟使驿传递呈,以确保沿途安全;此外,布政使佟吉图的家人至宫门递呈奏折,雍正帝在给他们的朱批中写道:

> 汝此奏不通之极。道府等员乃系小臣,品级卑微,无奏对之分。朕因欲广闻见,许令具折密奏。虽许密奏,不时诚谕汝等,毋得张扬泄露,作威作福,以挟制上司,凌驾同僚。今若特降明旨,将微员下吏之家丁差役,概令驿官查验拨兵防护,殊

觉封章络绎,道路纷纭,观瞻之下,成何礼体! 即督抚赍进奏折,亦未曾如是行事。两司奏折至京,皆命廷臣代转,不许径至宫门,况汝等末职耶?(第70册,王柔)

朕意尔等藩司,若明上折奏,未免物议,一省事权不专,有两三巡抚之嫌,所以前谕尔将奏折交怡亲王代转。今尔家人为何竟直诣宫门进折耶?(第15册,佟吉图)

所以,两司以下官员是有天子的特许才能秘密上折的,而正式公文则必须通过总督、巡抚,以总督、巡抚之名通过中央政府而"题达"天子。总督、巡抚有以奏折与题本这两种方法上奏的权利,故应根据奏事之性质,分别使用这两种上奏方法。如前所述,"奏折"是官员的个人行为,而"题本"是总督、巡抚作为公务人员的行为。因此,军事、中央财政、礼制、重大司法案件、制度之改废以及其他有例可循的行政事务,都应采用"题本"的形式。总督、巡抚应对这样的区别有充分的认识,避免行使时犯错;但碰到复杂细致的问题时就很难区别了。

直隶总督李卫是深受雍正帝信任的大吏,曾因受辖区内魏象枢、魏裔介后人之托,为其先人恩受荣典而代为谢恩时,用了"题本"奏谢,竟被通政司弹劾,说他应用"奏折"而误用了"题本",此举甚为不当。可是,另一次李卫本人受雍正帝恩赐《圣祖文集》,不用"题本"而用"奏折"谢恩,又被通政司以不用"题本"而参劾。

李卫左右为难，在另外的奏折中向雍正帝陈谢意见。对此，天子朱批道：

> 奏本题本，条款虽分为二，原非大相悬殊，不过俾汝等封疆诸臣慎重检点之意。以汝资历之深，尚不能谙悉程式，其他服官未久，宜乎不免错误者多矣。然朕因此亦每不令依例处分也。（第 82 册，李卫六）

这样看来，连地方总督中资格最老的李卫都在"题本"与"奏折"的使用方法上发生错误，可知两者的区别是不容易弄清楚的。李卫还有一次因奏折闹了笑话。原来奏折是私人信件，没有什么规定的体裁，而他却把题本的形式用在了奏折上，"此折系遵奉部颁定式"，对此，雍正帝朱谕批道：

> 部颁式样限定字数，系专为本章而言，与密折无关。（第 77 册，李卫一）

这种烦琐的规章制度，也是独裁君主驾御臣下的一种武器。雍正帝虽然自己说奏折没有程式，但官员在书写却不得不郑重其事，十分谨慎。如前所述，奏折有"奏事折"和"请安折"之别，这种区别也是不能等闲视之的。

　　将此折(按系奏事折)附于请安函内,而函面标题奏折二件,亦可谓又不达礼体,不敬之至矣。(第96册,赵国麟)

这种请安折是作为庆贺或逢节问候的礼节而写,地方官员为了郑重其事,用黄绫制折,雍正帝反认为不经济,令与奏事折一样用白纸。

　　请安折用绫绢为面表,汝等郑重之意尤可。至奏事折概用绫绢,物力艰难,殊为可惜。以后改用素纸可也。(第14册,黄国材)
　　嗣后奏折不必每一折一封套,两三折并封可也。请安折应如旧,奏事折面宜用素纸,绫绢殊为可惜。(第12册,裴�‬度)

　　总而言之,"题本"的内容是可以公开的政务,"奏折"的内容是不公开的秘密政务。因此奏折中即使因考虑不周而存在这样那样的错误,天子也可置之不问。

　　此事尔幸以折密奏,因随笔批谕,以示朕意。若系具疏题达,则妄言之罪,不为尔宽矣。(第16册,李绂)
　　设或具疏题奏,则天下之人传为话柄矣。览奏不禁发笑,

实属可怜之封疆大吏也。（第 20 册，傅泰）

有时，地方官奏折中所申述的意见为天子所赞成，并决定将之公开并付诸实施时，便命将该事改为题本上奏。甚至为简便手续，天子可将其奏折原本当作题本看待而转送内阁。

依照此折具本题奏，将不合例缘由，本内声明可也。（第 65 册，高其位）

所奏甚属可嘉，无庸另疏具题，即将此折交部改本，颁发谕旨矣。（第 63 册，田文镜 7）

同样的事情，在《世宗圣训》卷七《圣治》雍正八年七月甲戌的上谕也说：

各省督抚大臣于本章（题本）之外，有具折之例。又以督抚一人之耳目有限，各省之事岂无督抚所不及知，或督抚所不肯言者？于是又有准提镇藩臬具折奏事之旨，即道员武弁等亦间有之。此无非公听并观，欲周知外间之情形耳，并非以奏折代本章。凡折中所奏之事，即属可行之事也，是以奏折进呈时，朕见其确然可行者，即批发该部施行，若介在疑似之间，则交与廷臣查议。亦有督抚所奏而批令具本（题奏）者，亦有藩

151

臬等之所奏批令转详督抚者。……凡为督抚者,奉到朱批之后,若欲见诸施行,自应另行具本,或咨部定夺。为藩臬者,则应详明督抚,俟督抚具题或咨部之后,而后见诸施行。……凡折中批谕之处,不准引入本章(题本),以开挟制部之渐,则奏折之不可据为定案,又何待言乎?

由此看来,"奏折"与"题本"之别判然若揭。

雍正皇帝就这样一方面尊重总督、巡抚作为地方大员的地位,恪遵题本与奏折的规定,一方面又令督抚之下属布按二司以下的官员直接与自己沟通,充分发挥奏折政治的效用。乍看起来似乎有些矛盾,但雍正帝的真正用意似可这样理解,即利用奏折的往来甄别淘汰人物,防止官僚之间的朋党化、封建化,并使题本政治恢复其本来面目。对雍正帝来说,奏折政治最多只是权宜的手段,而祖宗传下来的题本政治才是终极的理想。

六 《朱批谕旨》的价值

雍正时代的政治是公开的题本政治与秘密的奏折政治双管齐下,《雍正朱批谕旨》史料价值之高,即在于它是这种政治的必然产物。雍正时代的史料,还有《世宗实录》以及根据《实录》编撰而成的雍正《东华录》、《世宗圣训》、《雍正上谕》、《雍正八旗上谕》等,这些史料可以说均出自公开的题本政治的记录,只有《雍正朱批谕旨》是奏折政治的记录中公开发表的那部分。那么,这两种记录实际上又有哪些不同之处?尤其是作为奏折政治记录的《朱批谕旨》,又向我们提供了些什么呢?

第一,《雍正朱批谕旨》,如前所述,是雍正帝个人与地方官员个人之间的私信往来,所以其中各个人的个性就非常鲜明地表现了出来。首先,雍正帝本人的个性近乎赤裸裸地表现了出来。从中可以看出,雍正帝作为个人,好胜心强,自信心强,勤勉,不服输,但另一面却又容易激动,是当时典型的满洲人性格。《实录》、《世宗圣训》中表现出来的雍正帝,是个衣冠楚楚、难以接近的皇帝,而出现在《朱批谕旨》中的雍正帝,则是个态度诚挚、披肝沥胆、有教养的读书人。而上折的官员对雍正帝,也在一定程度上放松了警惕性。他们各有各的处世之术,各人的巧拙贤愚,淋漓尽致地展现在了我们的面前,非常有意思。尤其是在反映当时的官场生活上,很多地方确实非常逼真。我们在通读《朱批谕旨》摘录资料卡片时,其中"官场"一类特别的多,这也是必然的结果。

第二,《雍正朱批谕旨》,比起天子的文章,臣下的奏折内容更加丰富。臣下的种种奏议,因为有了天子的朱批,其价值更增高了一层,这一点应该格外注意。我们在处理其他时代的史料时,见到奏议文章,总是立刻盲目地把它尊为第一手史料,但是,一读《雍正朱批谕旨》之后,我们马上就感觉到这种态度颇为危险,因为臣下所上奏折的内容,被雍正帝指摘为隐匿不实或徒托空论者为数不少。看了这些朱批,便不难发现历代奏议中脱离实际政治、不符真实情况的东西一定很多,因此,绝不可像过去那样,只要一见到奏议文章,就如获至宝,大喜若狂,把其中的片言只语全都拿来配合自己的主观要求大加利用。不过,像雍正帝这样精明的天子所赞许的奏折,当然是可以有相当大的信心加以使用的。

第三,《雍正朱批谕旨》是地方官员递呈的奏折,因此提供了很多与地方政治实情密切相关的史料,这一点极其宝贵。《实录》等主要是中央政府的记录,关于地方的情况,除极其重要的事件外通常很少记载。然而,地方官员的奏折差不多都是关于地方政治的,尤其是关于各地的气候、米麦的收成以及粮价等,常常载有详细的数字。地方上的这些详情,命督、抚用奏折具报,据说开始于康熙年间。(第72册,魏廷珍)

地方政治中,尤其值得重视的是与地方财政相关的史料。在中国历史上,谈到财政,差不多指的总是中央财政,所谓地方财政,似乎从未确立,这是独裁君主制体制下必然的结果。然而,地方财政,任何时代都是存在的。清朝采取的是所谓的公项(公费)形式,其财源有国家正税之外的附加税"耗羡",以及盐商等摊出的规礼银等。其支出则是地方衙门的经费,包括官员的生活费。官员赴任后的津贴,雍正年间进行了整顿,建立了养廉银制度。养廉银制度完全是作为一种临时措施来实行的,因此不出现在题本政治之中,专在奏折政治中处理。因此,要研究雍正时代养廉银制度的问题,不从《朱批谕旨》下手则几乎就找不到线索。

然而,当雍正帝设想在朝廷建立养廉银制度时,曾公开使九卿讨论此事。因为如果公开承认养廉银,势必就要承认"耗羡"的合法性,而耗羡是国家正税之外未经公认的附加税,因此,只得将养廉银一事由题本范围转移到奏折范围,专由各省总督、巡抚负责处理,天子只是参与协议而已。以后,天子连参与协议也拒绝了:

养廉一项,究非俸薪之比,毋得叙入本内。(第 59 册,田文镜 3)

养廉之议准照所奏支给,疏内毋庸叙入。(第 66 册,宪德)

在尔等酌量(按指耗羡银两问题)为之,朕不便代为画定准绳。(第 28 册,宜兆熊)

耗羡二字,非朕可谕之事。(第 62 册,田文镜 6)

历来天下督抚之羡余、养廉一事,朕从未批谕一字。(第 11 册,毛文铨)

第四,《雍正朱批谕旨》中还具有很多未出现在公开文书上的机密事项,或与朝廷体制不相应的琐屑事项的史料。毋庸赘言,与军事、外交有关的机密是其重要内容。在当时官员眼中认为是琐屑的小事,但在我们看来却是重要的史料,这种情况也不少见,如地方衙门中下级吏员胥吏的制度、关税、公所、民间秘密结社等，以及其他种种事项。过去在广东贸易与洋行的研究方面，《朱批谕旨》所收的奏折差不多是必引的文献。我曾在杂志《东方学》第二辑上发表过题为《明清时期的苏州与轻工业的发达》一文，文中引用了《朱批谕旨》中有关苏州踹坊的记载，发表后这条史料曾为各家论文所转引，可见关注的人是很多的。

七　奏折政治与军机处

雍正帝的奏折政治，对于进一步巩固近世的君主独裁制起到了相当大的作用。独裁制下的官僚，虽然绝对不是人民的服务员，但也不允许成为控制人民的特权阶级。在这一点上，绝不能把他们和封建君主或封建贵族一样看待；后者是全然不顾一般人民的权利，只主张自我特权的人。君主独裁制是以人民利益与君主利益完全吻合为前提的，官僚是靠君主的恩惠而临时给予的地位，不能侵害君主的利益，同时也不能侵害人民的利益。侵害人民的利益，就是侵害君主的利益，就是对君主恩惠的背叛。而背叛君主恩义这样大逆不道的事情，官僚个人想单干也是绝对干不起来的，只有通过组织党徒、彼此通谋才能达到目的。雍正帝的政治理想在于摧毁官僚私人之间的党派，使所有的官僚都直属于天子，而他能够利用的后段，就是前所未闻的奏折政治。

　　但是,这种政治行为,只有像雍正帝这样精力绝伦的英主,而且是在四五十岁的壮年即位的天子才能做得起来。若是另一个朝代或另一位皇帝,那就可以完全预料得到,想改变官场政治是不可能的。

　　那么,是不是雍正帝一死,奏折政治就此终止、国家政治的中心又回归到了内阁呢? 这是不可能的。新的政治方向既然已经开始,那就不会无条件地重回老路。继雍正帝之后即位的乾隆皇帝,虽然英明绝伦,但毕竟只是一位二十五岁的年轻天子,他还没有像雍正帝那样拥有能够驱使全国所有官员的力量。这时开始承担起国家政治大任的,就是军机处政治。

　　关于军机处的起源,一直以来被认为是不很清楚的。我曾在杂志《东方史论丛》第一卷发表过题为《清朝国语问题的一个侧面》的论文,主要论述了雍正年间为省去文书满汉翻译的程序,内阁政治不得不转变为军机处政治的经过。现在我想再进一步谈一下雍正时期的奏折政治是如何蕴育出军机处的这个问题。

　　雍正帝因与清朝之宿敌西北的准噶尔部之间发生了新的冲突,临时在宫中设立了参谋总部——军需房。据《清史稿·军机大臣年表》,这是雍正七年六月癸未的事,当时任命怡亲王及内阁大学士张廷玉和蒋廷锡三人密办军需事宜。之后,雍正十年改"军需房"为"办理军机处",其大臣亦称"办理军机事务"。这个军机处的任务虽是处理西北军务,但其处理的方法则效仿雍正帝在奏折政治与题本政治中的做法,即前线将军的报告用奏折的形式,经乾清门奏事处送达天子手中,不通过通政司和内阁。只是普通的奏折由天子一人披阅,一人处理,而有关西北军务的奏折则与军机处大臣一起商量。或许从这个时期开始,"拟旨"的工作即由军机大臣担任了。所谓"拟旨",就是大臣代天子草拟回答臣下奏请的言词,天子批准后即成为天子的命令。"拟旨"工作(又称"票拟")本来是内阁大学士的职务,因此,军机处大臣可以"拟旨",可以说军机处已经成为内阁的分局。事实上,初期的军机大臣全是从内阁大学士中选拔出来的。

雍正十三年八月雍正帝驾崩,乾隆帝即位,在"办理军机处"之外又设立了"总理事务处"。到了十月,"办理军机处"合并到了"总理事务处"之中,这说明"总理事务处"不单是处理军机,也是处理天下奏折的正式机关。不久,名称又改回为"办理军机处",而实际上依然兼办一般政务。于是,过去是不公开的奏折政治,如今已经浮出了表面。既然由不公开变为公开,那么,奏折政治也就不能不在性质上发生变化,这就是奏折政治的法制化。

雍正帝的奏折政治是他的独创,主要根据他自己的个性运作着这种政治。奏折政治没有一定的规范。雍正帝在其《朱批谕旨》卷首序文中写道:

至其中有两人奏事而朕之批示迥乎不同者,此则因人而施,量材而教也。严急者导之以宽和,优柔者济之以刚毅,过者裁之,不及者引之……读者当体朕之苦心也。

雍正帝不拘泥于法规或先例,而且也不创立法规或先例,一切只统一于他一人的思想作风之中。他的朱批是因人说法主义,对不同的人给予不同的教训,而他所创立的奏折政治,在他运作期间效果是很好的。

然而,这种形式由子孙继承后而且成为半公开的、大臣也能参与的情况后,就有制定某种准则的必要了,至少必须从许多先例中制定出一些习惯法来。而把军机处的奏折政治法制化并制定成一种制度的人,是代表满洲官僚的鄂尔泰和汉人官僚领袖张廷玉这两位军机大臣。于是,奏折政治逐渐侵入题本政治,天下的大政远离了内阁,以军机处为中心运作了起来。再者,奏折既已获得公认的地位,只要经军机处拟旨,得到天子批准,就可以直接发生效力,这被称为"奏准",被认为与经过内阁的"题准"有同等效力。两者都是由天子裁决的,所以都可以作为约束后世的先例。

奏折政治范围的扩大,同时也就是题本政治的衰落,只有最不重要的事务才采用题本的形式经过内阁。最后,到了光绪二十八年,一切题本悉改为奏折。至此,从明代开始的经由内阁的题本政治便完全绝迹了,这就是"改题为奏"。

这里有一部名为《奏折谱》的书,书前有同治六年自序,宣崧生著。我手头的这个本子题有"光绪庚寅(1890年)京都二酉斋藏板"。此书叙述了奏折政治发展到高峰时奏折的实际运用方法,非常有意思。根据这本书,我们感到同治年间的奏折与一百四十年前雍正年间的奏折,在很多方面都出现了不同。雍正帝曾说奏折无一定的格式,而《奏折谱》却主要是叙述奏折的格式,把奏折极其烦琐地形式化了。雍正帝曾告诫请安折勿用绫绢,而《奏折谱》却严肃地指出必须使用黄绫。又说参劾官吏照例用题本,今则用折。《奏折谱》所见的这些制度,似乎是习惯逐渐积累的结果,书中曾引用乾隆的上谕和嘉庆十七年刑部议定应奏条贯等作为先例,但关于奏折的有系统的典制似乎始终没有出现。应该注意的是,在这些惯行法的累积中,雍正年间偶然发生的故事仍活生生地存活着。

《奏折谱》的禁令条款中,记载着忌用“朝乾夕惕”四字,这是因为雍正年间著名的年羹尧事件留下的影响。不用说,年羹尧在奏折中改变了这四个字的顺序并且写了错字,因此引起了像日本“国家安康”①那样的笔祸,不仅政治上垮了台,而且还招致了全家的覆灭。此外,书中也提醒不要使用“洪福齐天”或“来岁必获丰年”这类词句,因为这些都是《雍正朱批谕旨》中天子屡次痛斥过的话语。

雍正帝的奏折政治对后世影响之大,从幕友政治的流行中亦可看出。奏折本来是秘密文书,但雍正帝本人曾说过不是特别秘密的奏折亦可令人代笔的话,这就给胥吏不是胥吏、可称之为士

---

① 日本庆长十九年(1614)夏,丰臣秀吉之子秀赖为恢复丰臣家的威望,着手修复因地震倒塌的京都方广寺,并在本殿中安置了一口梵钟。梵钟的钟铭中有“阴阳燮理,国家安康”一句,犯了德川家康的名讳,家康认为这是将自己斩首分尸之意,借口挑起了大阪之战,次年,丰臣氏灭亡。

大夫胥吏的"幕友"的活跃开拓了门径。幕友政治至雍正、乾隆时期达到了顶点,以后逐渐衰落,但一直延续至清朝末年。于是,在可称为胥吏学问的"吏学"之外,又产生了幕友学问的"幕学"这一名词,这也是奏折政治的影响之一。

关于雍正帝的奏折政治,可谈的还有很多,既已超出了规定的篇幅,只好等以后有机会再作补充了。

原载《东洋史研究》第十五卷第四号,1957 年 3 月

清代的胥吏与幕友

——以雍正朝为中心

一　清初的胥吏

　　胥吏是中国近世史上一个特殊的群体。说起来，胥吏的起源非常早，南朝萧梁时期就已经出现了有关胥吏的记载，随着近世君主独裁政治下高度发达的官僚体制，胥吏的队伍及组织亦不断发展壮大。日本人往往难以把握胥吏这个概念，因为在过去的历史中找不到相同的存在。简而言之，胥吏就是各级官府中的事务负责人。以清朝的制度为例，中央和地方官府是由官员、胥吏和衙役这三种勤务人员构成的。官员是政府任命的高官，衙役是官府征发的带有贱民性质的杂役夫，而胥吏则是居于两者之间的事务负责人。官员和衙役都能拿到数量不等的薪俸，只不过官员的称为俸禄，衙役的称为工食。官府的勤务人员获得薪俸是理所当

162

然的,但奇怪的是,胥吏却拿不到固定的薪俸。胥吏的特殊性质,正是从这一点上衍生开来的。

胥吏拿不到薪俸的原因之一是,他们本来源自役法。所谓役法,就是规定人民必须轮流且无偿给官府提供劳动服务的法律。此时的胥吏已经不再由人民轮番服役,而是成了职业化的专职人员,但政府却依然以服役为借口,拒绝给发薪俸。因此,胥吏只能通过别的途径来谋生,不用说,那就是向他们所接触的人民征收劳务费。这种情况就如同今天日本的代笔人。日本的代笔人在官府附近开设店面,向委托代笔的人收取劳务费,为委托人制作提交给官府的文书。如果官府同意在衙门中给代笔人提供一间房间,并赋予他们只要有求于官府的人民都必须通过这间房间的垄断权利,那么就会滋生出与中国胥吏一样的群体。

官府中的胥吏数量极多,作为地方末端机构的县衙通常有二三百人,多则上千人。[1]他们又分成若干个房(或者案),各房都有负责人。县衙中的胥吏准确的叫法应该是“典吏”,这些胥吏的首领一般被称作“经承”。[2]经承本来是中央政府各官署中胥吏头的名称,在中央政府的内阁或翰林院中服务的称“供事”,在地方总督、巡抚、学政处服务的称“书吏”,司、道、府、州、县则通称为“典吏”,在更下一级的杂职衙门中则称“攒典”,这些都是正式的名称。

只有这些胥吏头才是法律上认可的胥吏,而且存在着定员,嘉庆和光绪年间的《会典事例》中也记载了这个胥吏头的员数。胥吏头以外的胥吏,不过是胥吏头私人雇佣的胥吏实习生而已,通常称为"贴写"或"帮役",其中又可以分出几个等级。[3]他们通过徒弟制度受到胥吏头的收养和使唤,胥吏头从上级官员处承包事务,同时也获得了独占事务、使用事务室、征收劳务费的权利,劳务费则用作自己的生活费和养育、雇佣徒弟的费用。

这样说来,作为胥吏头的经承,就如同行会组织中的首领一样。他们承包了官府中的某个部门,拥有几十个徒弟,并将事务上涉及的文书占为己有。上级官员虽然有监督胥吏头的义务,但既然是承包制,就不便干涉胥吏头对徒弟的人事安排。徒弟中必然会有经承的血亲子弟,经承在隐退时都想把地位传给自己的子弟,因此,胥吏的位置就出现了世袭化的倾向。这种倾向早在宋代就已经出现,南宋政论家叶水心曾有过一句名言:官无封建,吏有封建。

胥吏的位子一旦世袭化,紧接着就是用来交易,称为"欠底买卖"。胥吏头把位子转让给他人而非传给子弟时,常常要求高额的酬金,这就如同日本的股权一样。不过,这并不是权利的完全转让,而只是在若干年限之内有效,根本权利依然由这一家世代相承。在家族之内传递的股权称为"世欠",所有者称为"欠主",这些名称在雍正元年的上谕中都可以看得到,也散见于雍正朱批谕旨之中,可见至迟在清朝初年,这样的现象就已经普遍存在了,而它的形成恐怕要上溯到明朝。

获得上级官员正式认可的胥吏头称"著役"、"参役"或"承充"，根据清初的制度，胥吏头的认定，通常是交替采用"援纳"和"召募"的方式。援纳，或许就是"援例捐纳"之意，也就是说用金钱购买想要的位子，实际上就是向政府交纳若干的继承税，换取对政府对胥吏头交代的认可。清初顺治年间实行的就是这一制度。[4]然而，到了康熙二年，援纳制改成了召募制，也就是通过考试从参试者中进行选拔。这样的召募制度如果真的严格实行的话，那么恐怕对既有的胥吏阶层会造成重大的打击，因此，在康熙六年的召募通知中加上了一句"或自贴写内遴选"。什么都不用担心，徒弟继承胥吏头的位子从此得到了公认。

在中国近世制度中，官员都有各自的任期，不能在同一职位上长期任职。但是，胥吏从徒弟时代起就长期在同一官府中工作，于是渐渐掌握了官府的实权，甚至还有胥吏向上级发动罢工，也就是"散堂"。雍正年间，容城县知县李钟佩惩治吏役过于严苛，竟导致六房书役和三班衙役一同散去。还有名宦蓝鼎元，在潮阳县也有过胥吏衙役散堂的经历。（朱·宜兆熊，六年Ⅳ16；《鹿洲公案》卷上《五营兵食》。"朱"指《雍正朱批谕旨》，Ⅳ16是指四月十六日。以下皆同。）

胥吏表面上人微言轻，一旦掌握实权就容易走向渎职贪污。规定胥吏头经承的任期，采取新旧交替的政策，都是为了除去这种弊害。顺治十四年，各衙门胥吏头的任期被规定为五年，且禁止连任。在此后的很长一段时间内,这一制度得到了表面上的贯彻落实。同时,任满的胥吏可以前往吏部,通过考试的方式进入下层官员阶层,这被称为"考授职衔",简称"考职"。但实际上,捐纳可以取代考试,买官在当时是得到特别许可的,而穷人就只能接受考试了。[5]

不过,即使役满的胥吏到吏部通过考试被授予了当官的资格,但也无法轻易获得实职,只能在自己家里空闲待命而已,就算能够获得实职,也是地位颇低且收入有限的岗位,因此他们非常希望尽可能地保留胥吏的身份。于是这又滋生了新的弊端,这就是与上级官员亲近的胥吏,往往改名换姓,继续留任,或者潜入其他衙门之中。政府有时会下令严厉取缔这种做法,但都毫无成效。

武职衙门虽然不承认胥吏的存在,但实际上俸饷的支给、兵弁名册的制作等工作都少不了胥吏,于是便以兵卒的名义任用胥吏,发给他们兵卒的粮饷,称为"稿房人"、"书识"或"字识"。[6]以兵卒名义任用的胥吏还有"匠役"、"厨夫"、"头目"等,"头目"也称作"官头"或"管头",就像内务班班长一样。武职衙门的胥吏至多是克扣一些兵卒的俸禄,或是向走私商人勒索些财物,一般不会对民政造成很大的危害。

与胥吏在性质上极其相似的还有"里役",也称为"里书"、"漕书"、"总书"等。他们平时深居简出,既是帮助官府征收银米的助手,同时又是老板,正是会给民政造成巨大危害的人。但他们与专职的胥吏还有许多不同点,这里暂不讨论。

二 对胥吏的法规约束

对胥吏头役满退役的规定,是中央政府制定的被称作"历"的法规。此外,在承认既有胥吏群的基础上,为防止他们营私舞弊而采取的种种对策,从清初起就开始实际施行了。这些似乎并不是中央制定的正式法规,但某种程度上却普遍实施,只是根据各地实情具有一定的弹性,可以看作是一种习惯法。

第一条就是换班制,即把胥吏分成两班,每隔三四个月或六个月就全部交换岗位。对于胥吏来说,一个人长期身处同一岗位,即便营私舞弊也不易被外部察觉,可一旦每一季度或每半年就进行一次换岗,届时账簿和现金的问题就会暴露出来。两个班被称为"头班"和"二班",或称"上班"和"下班",换岗后从事的职务称"该班"或"上班",退出职务时称"下班"。在岗时期的班称"内班",之前曾经在岗的班称"外班"。

换班主要在地方政府的高级衙门中实行,有时也有例外。雍正年间鄂尔泰任云贵桂三省总督,身在云南府的他把总督衙门分成三部,分别管理三省事务。本地云南省的滇吏三个月换班一次,来自邻省贵州的黔吏六个月换班一次,而从广西来的粤吏则不用换班,因为无论把胥吏和他们的家人留在云南,还是让他们在云南和广西之间往返,经济上都划不来。除广西外,大部分省的总督、巡抚、布政司、按察司四个衙门都实行换班制。此外,根据田文镜所言,河南省的道、府衙门都分为上下两班实行换班,但下面的州县衙门则不用换班(朱·田文镜,七年Ⅸ21)。

与换班制并行的第二个对策是封锁制,也就是关闭官府的大门,禁止内外往来。在科举乡试的时候,封锁执行得尤其严格。地方上的总督、巡抚、按察司三个衙门,恐怕从清初开始就施行封锁。雍正七年七月左右,御史高山上奏,建议布政司(藩司)衙门也应和按察司(臬司)一样封锁,地方督抚都表示同意,两院两司的四个衙门都被要求封锁。虽说是封锁,但衙署内毕竟有几百个胥吏,每天早晚必须打开大门,补给食物和饮水,这些货物的搬运必然是在严格的监视下进行的。

封锁制主要是为了防止诉讼的相关人员向胥吏行贿,也就是试图将胥吏隔绝在衙门之中,切断他们与外界的联系。但是,这种方法究竟能在多大程度上杜绝弊端则不得而知。食物和饮水的运送,是由暂时离职中的外班胥吏负责的,因此在搬运时夹进纸条一类的东西易如反掌。不过,比起外部人员全部涌进官署,封锁作为一项制度或许是可取的。而且,封锁之所以会推广到掌管租税收入的财政机关——藩司衙门,或许正是因为其效果得到了普遍认可的缘故。

三　幕友、门生与家人

虽然换班和封锁带有习惯法的色彩,但毕竟作为一种制度在起着作用。此外,还有一种纯属惯例的权宜做法,这就是官府的长官委托完全属于私人关系的个人与胥吏一起承办公务,起到监视胥吏的作用。这种私属的个人又可以分为三种,即幕友、门生和家人(家丁)。

幕友是官府长官雇佣的政治顾问或秘书官,也称幕宾、幕客、内幕等,完全属于私人关系。幕友就任称"就馆",长官给予的酬金称"幕脩"、"砚租"、"馆租"等。这种职业又叫作"佣书"。馆是门馆,脩是束脩。因此不难发现幕友是从门馆先生,亦即家庭教师发展而来。总之,他们属于知识分子。生员在进士及第之前往往要经历多场考试,因此会为解决经济问题就馆,这叫作"绝意进取"。有的幕友在长期担任幕友之后会重新参加科考,最终获得进士功名,乾隆年间著名的幕友汪辉祖就是如此。

雍正帝在雍正元年三月乙酉下达吏部的上谕中提到:

> 各省督抚衙门事繁,非一手一足所能办。势必延请幕宾相助,但幕宾贤否不等。(《实录》、《东华录》)

要求督抚慎重选择幕友。实际上,进入雍正以后,幕友的地位急剧上升,这很大程度上与雍正帝的奏折政治有关。奏折是地方大员以个人名义秘密上呈给天子的书信,虽然原则上必须由地方大员亲自书写,严禁他人知晓,但雍正帝自己也说过,如果不是什么特别机密的事务,托人代写也无妨。不过,奏折写得好坏,会关系到雍正帝对上折官员的评价,可以说就像是考试的答卷一样,所以地方官员为书写奏折绞尽脑汁,借助胥吏之手也是公开的秘密。河东总督田文镜和浙江总督李卫之所以能够获得雍正帝的特别信任,因为他们身边分别拥有乌思道和鲁锦这两位能干的幕友,这也是当时人都知道的事,甚至还有一些略带传奇色彩的故事流传了下来。

根据汪辉祖的《佐治药言》,州县官幕友的工作分为刑名、钱谷、书启、挂号、征比五种,政务繁忙的州县需要十多人,清闲的州县可由二三人兼任,但刑名和钱谷这两名是必备的。总之,外来的官员已经被扎根于官府内部的本地胥吏势力所包围,为了不受他们欺侮,必须依靠心腹幕友的帮助。

在州县官以上的大员中,幕友直接辅佐大员的工作之一称为"拟批"。一旦成为大员,工作就不像州县官那样需要直接接触人民,而是立于州县官之上,施行间接的统治,因此必须对下级官府呈上来的各种汇报和请求予以答复。这种答复或指示称为"批",在官员正式批复之前先由幕友过目,写出批文的草稿,这就叫作"拟批"。这种工作关系就如同总理万机的天子,在下旨前先由内阁大学士代为"拟旨"一样。因此,幕友之于官员,就如同内阁大学士之于天子一样。内阁在明代拥有实权,是因为三杨是天子的老师,前面也已经提到,幕友原本就是门馆先生,所以是被当作老师来看待的。前引汪辉祖《佐治药言》中讲述了乾隆初年的情况:

> 先我年二十二三习幕学,其时司刑名、钱谷者,俨然以宾师自处。

汪辉祖《佐治药言》的开篇是《尽心》篇,其次是《尽言》篇,再次是《不合则去》篇,读这本书仿佛有一种在读《孟子》的感觉。

中国古来就有记录官员任官心得的官箴书。元朝以来,胥吏之学兴起,被称为"吏学",清代雍正以后尤其注重幕友,因此产生了"幕学"一词。幕学并非虚名,有着非常具体的实践,简而言之就是如何辅佐官员,引导胥吏施行公正的政治。汪辉祖"幕游几三十年,平反冤狱不可胜数",他的《佐治药言》、《学治臆说》等书一时间被公卿大夫奉为圭臬,据说几乎每家都有一部。(梁恭辰《劝戒录选》卷三《廉明》)

幕友完全是私属于官员的顾问,因此,所获酬金也应该出自官员的私人费用。雍正帝给官员支付养廉银后,幕友的酬金必然是来自养廉银。江西布政使常德寿的养廉银中,二三千两用作家庭成员的日常生活费,而幕宾的束脩支出是一千五百两,可以说占了相当大的比例。不过这笔钱是几个幕友分摊的,一个人只能拿到几百金而已。据汪辉祖所说,当时的门馆先生一年酬金为几十金,一旦成为幕友就会翻几倍,甚至十几倍。他自己最初一年获得一百金,并把其中的六七十金都寄给了家乡的家人。(朱·常德寿,三年Ⅳ3;《佐治药言》)

　　幕友存在的主要目的是监督胥吏,所以,一旦胥吏想舞弊作恶,首先就得拉拢幕友,正所谓"胥吏舞弊,必恃幕客勾通"。(朱·马纪勋,七年Ⅲ22)胥吏通常是本地出身,如果幕客也是本地人,那么就会有串通的嫌疑。雍正三年二月左右,礼臣三泰上奏请求禁止官员延请本省人为幕宾,并获得了许可。(朱·甘国奎,三年Ⅲ3)这表面上看来没有什么问题,但有一个倾向值得注意,那就是中央六部的胥吏往往被选为地方大员的幕友。如李卫的幕友鲁锦本是刑部办稿的贴写,浙江提督万际瑞的朱姓和徐姓两位幕友原来都是犯罪的部办,万际瑞的幕宾朱匡侯原来是兵部将材科管福建的书办欠主。这些都出自地方大员保持与中央政府密切联系的需要,就好像今天日本的中央各省事务官到地方任职一样。(朱·李卫,四年Ⅲ15;廖坤,八年Ⅲ4;李卫,八年Ⅱ25)

　　仅从朱批谕旨中选择两三例,就可以给人幕友以绍兴出身者居多的印象。李卫的幕客鲁锦就是绍兴人,福建巡抚赵国麟的幕友是绍兴府山阴县的生员,田文镜的幕友乌思道和浙江巡抚甘国奎的幕友都是浙江人,恐怕也都是绍兴人。(朱·蔡仕彤,七年Ⅶ25;赵国麟,八年Ⅸ6;田文镜,四年Ⅳ27;甘国奎,三年Ⅲ3)绍兴人作为胥吏来到北京,就食于中央政府各衙门,据说户部十三司的胥吏岗位都被绍兴人所占据。地方大员为与户部联系,至少需要任用一个绍兴人作为幕友。

与幕友相似的是门生。他们一定程度上是地方上的知识分子,主动接近官员,希望被委以有利的职务。他们通过赠送高额的"贽礼",得以跻身门生之列。举一例说明,扬州知府李继椿把监生旋元乾收为门生时获赠一千二百两,后来把贡生项立高收为门生时又得到了一千六百两。拜门生的习惯在扬州一带特别盛行,有人认为可能与盐商的存在有关。(朱·尹继善,七年 IX 6,X13)

门生的作用同样是为了监督胥吏,他们被派往各地的税关卡口等处取缔走私,前面说到的扬州知府李继椿的门人苗相功,就被派往镇上把守入口,盘查走私,就是其中一例。门生似乎还可以代替幕友草拟奏折,雍正帝给程元章的朱批中就告诫道,不可依赖幕宾门客缀辑闲文,以致滥行渎奏。(朱·程元章,无年月)

总之,门生是介于幕友和下文将要介绍的家丁之间的群体,有时也承担幕友的工作,有时也做家丁的工作。除了这些专职的门生外,还有盐商、典当商等富豪与长官私人接触时名义上的门生。最夸张的要数云南提督张文焕,他曾把属员全部收为门生来为自己服务。(朱·李卫,元年 VI 9)如果说幕友给清朝的吏治带来了一定的贡献,那么门生就是以滋生弊害为多了。

以官府长官私人身份监视胥吏的第三类群体就是"家人"或"家丁"。家人分为两类,一类是出钱购买家人的权利,成为长官的家奴,终身为长官服务,有时甚至连子孙也一并买下这种权利;另一类是投靠长官,保留去就的自由,在一定时间内为长官服务,这样的家人称"长随"。因此,家人中有所谓的累世家仆,如山西大同总兵马骥伯家有家生仆人七八人,湖南车鼎立的家中,李、刘二姓父子两代都侍奉主人。(朱·马骥伯,三年I 24;迈柱,十年Ⅷ25)

这些家生仆人的人口不断增加,很多都成了有权势的家丁,如湖南巡抚王朝恩曾对雍正帝说:

> 臣家口皆系祖父旧人,历年生聚,连亲丁约有一百六十余人。(朱·王朝恩,三年Ⅳ3)

而且,往往又有许多人愿意成为权势者的长随,所以,家人的数量在不断增加。关于长随,汪辉祖《学治臆说》卷上的解释简明而得其要领:

> 长随与契买家奴不同,忽来忽去,事无常主。里居、姓氏俱不可凭。

此外,长随既有亲友和同僚的推荐,也有从民壮等衙役中提拔而来,甚至还有武官的长随被授予武职的。(朱·王瓒,无年月;施廷专,六年Ⅷ28)因此,包括家奴和长随在内的家人数量十

分庞大,有的甚至可以达到千人以上。早在康熙四十一年,刘子章就在上疏中写道:

> 臣见外任官员,除携妻子兄弟而外,其奴婢有多至数百人,甚有至千余人者。(《皇清奏议》卷二四《请裁节外官家口疏》)

虽然同是家奴,其中也不乏特别有权势的,所以还有给家奴充当家奴的。雍正初年,大将军年羹尧左迁杭州将军,其赴任时的情形是这样的:

> 家奴复有家奴,到杭者,男女已不下数千。后来者尚未知其数,所住衙门人已居满,闻将长随等类分住城外。(朱·甘国奎,三年Ⅶ9)

更有意思的是淮关监督庆元的情况,他有一个叫陈八的家人,陈八又有个仆人叫夏玉,夏玉还有个小厮叫高大,高大称夏玉为我主儿。[7](朱·黄炳,四年Ⅺ2)

家人数量庞大,同时也说明他们从事的工作十分繁重。就像明朝不断把作为天子私属的宦官派往官员处,清朝给满洲人和汉人官员重复任命一样,只要有胥吏存在的地方,他们就会被派往,表面上是辅佐,其实是监视。

家人中最重要的位子是相当于官府事务总管的"堂官"。虽然把私属的家人称为堂官不免有些奇怪,但有权力的人常常不是官却被称为官。[8]堂官还被叫作"总管堂官"、"管堂家人"、"管家"等,此事也传到了雍正帝的耳中,在雍正元年二月丙寅给直省督抚的上谕中说道:

> 尔等抵任,每使家丁管理事务,号为堂官。(《实录》;《东华录》卷二)

也就是禁止设置堂官,命令堂上办事须任用佐贰官,奔走出差须任用衙役。但其实质依然没有改变,只要获得长官的信任,就有无穷无尽的权力。广东左翼镇的总兵李万仓不亲自阅海路兵,而是派家人代为前往,这个家人竟公然和游击之官平起平坐,指挥叱咤。浙闽总督满保的李姓家人甚至咒骂仁和知县胡作柄,还辱及其父母,这些人应该都是堂官。(朱·鄂弥达,十一年Ⅷ25;甘国奎,二年Ⅶ15)

根据汪辉祖《学治臆说》卷上,堂官之外的家人主要从事这样一些工作:

> 宅门内用事者,司阍曰门上,司印曰签押,司庖曰管厨。宅门外则仓有司仓,驿有办差,皆重任也。跟班一项,在署侍

左右，出门供使令。

这宛然就是一个独立的政府，其中所说的跟班，大概就是原来的
堂官。

如果官员管理税关，家人往往和胥吏一起驻在关口征收税
金，称为"坐口"，有时也和胥吏一同巡查。（朱·程元章，无年月）

此外还有奉命"坐省"的，湖北巡抚法敏在奏折中提到：

> 各省俱差家人等在省探听各上司举动，以图打点弥缝，名
> 曰坐省。（朱·法敏，三年Ⅶ27①）

朱批谕旨中屡次提及坐省家人的话题。

家人的衣食之资原则上仰仗官员支给，但他们还有多种财
源。如果服务的官员是武官或总督巡抚等兼任武职者，家人就可
列入兵籍，享用军粮。雍正帝给文官支付养廉银后，对武官为避
免名实混淆，禁止把家人作为名义上的兵卒，于是给予武官阶层
若干人数的空籍，发放粮饷以代替养廉银，家人就是靠这些空饷
养活的。

家人生活之资还有所谓的"门包"。官员命家人看守宅门，称
"司阍"、"管门人"、"门上"、"把门家人"等，如果有人要私下谒见

---

① 原著误为"Ⅻ27"，据《雍正朱批谕旨》改。

官员,就必须付给这些守门人酬金,称为"门包"。门包是家人生活费的主要来源,其中也有一部分分给了官员。此外,盐商等在给长官赠送规例银时,按例会把一成左右送给家人,称"随礼银"或"小礼银"。苏州巡抚陈时夏"旧规外有随礼银共四百余两,臣给散家人为衣履之用"。(朱·陈时夏,六年 I29)前面提到的扬州知府李继椿,其门生旋元乾在正礼一千二百两之外,还附加了随礼银一百二十两赠予把门家人李兆元。此外,家人在税关坐口巡查收税时,还根据税额收入"规礼"。规礼并非全归家人个人所有,但家人可以享受其恩惠。如浙江总督程元章命道府护理关税时,道府等命胥吏和家人到浙江海关监收关税,正税之外获得的饭钱分成三份,胥役和管关家人各取一份,剩下的一份送到他的衙门,用作家人的衣物费用(朱·程元章,无年月)。

上述的"门包",也被称为"规例"、"规礼"、"饭钱",这些均是陋规。雍正帝曾对其进行整顿,过分的全部废除,不得已保留的则规定数额,一度全部纳入公用,称为"公费",从中再给官员们支付养廉银,这是历史上著名的举措。当然,支付养廉银后,文官的家丁原则上从中获取衣食费用。

虽然官员大量任用幕友和家丁是为了监视数量更多的胥吏,但也造成了不少弊端。本应监视胥吏的幕友和家丁,也可能反过来与胥吏串通作恶。还有许多家人,一边拿着官员给的钱粮,一边又对胥吏的额外收入进行克扣,最终导致胥吏更加疯狂地盘剥底层人民。因此,反其道而行之却能获得意外成功。穷苦出身的汪辉祖任宁远知县时,仅用幕友时代的旧仆五人,即一门、一印、一跟班、一司仓、一管厨(《学治臆说》卷上)。梁恭辰《劝戒录选》卷一和卷三中记载了名宦叶世倬和桑金榜的事迹。叶世倬是道光初年的督抚,从县令到道台,家丁始终只有八人,与幕友一同赴任时,所带不过十余人。人数少了,分配到的收入就多,众人都小有钱财,自然也就不那么贪了,衙门内经常如学校般寂静。桑金榜出生于贵州乡下,嘉庆年间被任命为安徽望江县知县,父子二人乘骡马赴任,拜见藩司时在门口才换上公服。藩司非常诧异,本想把他降为教职,但按察使顾念他们是穷人,就先让他们赶赴任地了。桑金榜到县后,只雇用了两位幕友,一人为刑、谷,一人为书启、征、号,雇佣的仆从也很少,仅有四五人,加起来不过十多人。历任知县都派家丁监督胥吏,克扣他们的额外收入,桑金榜却不派家丁,把一切都委托给了胥吏,据说胥吏深感欣悦,不再作恶,境内由此大治。

但这样的例子其实是极少的。被幕友、家丁抽走利益的胥吏,一直在寻找舞弊的机会,于是就需要有更多的家丁来对他们进行更加严厉的监督,形成了恶性循环。幕友、家丁、胥吏、衙役原本属于完全不同的系统,除相互勾结外,胥吏和幕友之间还产生了上下级的关系,这一现象也值得注意。

从君主独裁政治的前提来看,官员都应该直属于君主,禁止相互间存在私人关系。然而在职务上,下级官员必须接受上级官员的监督和指导,上下级官府之间,官员的联系是得到公开认可的。但是,官员一旦不亲自从政,将事务全部委托给胥吏,那么,下级官员就不得不与上级衙门中的胥吏发生联络。要是下级官员也把事务全部委托给自己的胥吏,那么,下级衙门的胥吏就得和上级衙门的胥吏取得联系。结果就是,官员被架空,政治自下而上都掌握在胥吏的手中。

幕友本身是为了矫正这些弊端而设的,试图通过幕友,把政治决定权重新夺回到官员手中,但官员的幕友面对下级官府的汇报或申请,站在个人立场上"拟批",必然会影响到官员的最终决策。因此,下级官员若不积极与上级官府的幕友沟通,提出的申请就可能一次又一次被驳回。于是很自然地就出现了下级官员委托上级官府为自己选择幕友的风气,《葛氏皇朝经世文续编》卷二三所收何桂芳的上疏《请查禁谋荐幕友片》中称:

> 各省州县到任,院司幕友必荐其门生故旧,代办刑名、钱谷。该州县不问其人例案精熟与否,情愿厚出束脩,延请入幕,只因上下通声气,申文免驳诘起见。而合省幕友,从此结党营私,把持公事,弊端百出,不可枚举。

从上到下,在官员和胥吏之间出现了幕友这个新的阶层。幕友一旦被纳入官僚组织中去,就会失去存在的意义。幕友必须作为一个第三者,一个自由的人,或者说带着侠义精神辅佐官员,这才是其存在的意义,而不是上下彼此串通,变成了不是胥吏的胥吏。《皇朝经世文编》卷二四所收周镐的《上玉抚军议》称：

> 幕宾案牍既繁，一切片稿，半由（胥吏）拟送，稍为出入。

"拟送"是拟批送签的略称。由此看来，幕友不过是把胥吏作成的原案呈给官员而已。[9]虽然这说的是雍正朝以后的事，但是，乾隆元年吴应棻曾在上疏中指责一省幕友在坐省幕宾的主持下结成朋党，州县之间相互串通，可见在雍正年间就已经出现了这样的风潮。纪昀《阅微草堂笔记》卷一八记载了"四救先生"的故事，从中可知幕友之间还有相传的口诀，即"救生不救死，救官不救民，救大不救小，救旧不救新"。[10]这些都是官场上的弊端陋习，幕友本应作为不沾染官场习气的新鲜要素受到人们的欢迎，但却在雍正年间出现了官场化的倾向，而且随着时间的推移愈演愈烈。

四　陋规和养廉

按照清朝的制度，官府的官员领取俸禄，衙役领取工食银，合称"俸工银"。俸工银恐怕从清朝建国之初到雍正初年全部被事先克扣捐纳，用于充当一省的公费了。雍正三年，俸工银的捐纳被明令禁止，官员获得了俸禄，衙役获得了工食银。不过衙役的工食银很少，一年也就白银十两左右，即使是单身的衙役，靠这点银子也只能勉强过活。官员的俸禄因官品而不同,一品为一百八十两,二品为一百五十五两,以下依次递减,直到八品四十两,九品三十两。官员的俸禄除养活家庭成员外,还要养活众多的家人,所以,即使能够全额支付,养活这么多人还是不够的。于是,雍正帝又给予文官类似于赴任补贴的养廉银,养廉银虽然要支付官员自家的生活费、幕友的酬金、家人的工钱等,但不管怎么说个人的生活能够维持下去了。但不可思议的是,对于胥吏,却始终没有出台明确的立法措施。然而,胥吏也是人,而且通常都是有家庭的,不可能过着毫无收入的生活。那么,胥吏靠什么来获取收入呢?

一言以蔽之,胥吏的收入均来自各种陋规。陋规有广义和狭义之分,广义的陋规是指公职人员在法律规定的薪金以外获得的一切收入。因此,在捐纳俸工银的时代,官员的生活可以说全靠陋规在维持。事实上,田文镜在奏折中提到:

> 河南巡抚任内,一年所有陋例不下二十万两。(朱·田文镜,三年 I24)

养廉银其实就是把陋规(即"陋例")整顿归公后,重新公开分配而已。因此,在支付养廉银以后,"陋规"之名就与"养廉"相对使用,也就是把官员在养廉银外染指的钱财全部称为陋规。但这是官员的情况,无法获得正规补贴的胥吏的情况并不一样。

包括养廉银在内,官员和胥吏获取的陋规全都出自人民向政府交纳租税时附带征收的附加税。中国税制古来便是"量入制出"主义,一旦制定的税则,很少会有改变,所以一旦经费不足,就只能以附加税的名目征收。随着时间的推移,附加税上再加附加税,这样的过程不断重复,到雍正初年时似乎已经形成了三重附加税。通过当时对附加税的整顿可以知晓,在正税之上加征十分之一,这是"火耗";在正税和火耗总额之上加征百分之一,这是"余平";火耗、余平之外还有种种。这样,附加税就形成了三个等级。

首先是在国家正税地丁钱粮中加征若干比例的附加税,一般称为"火耗"、"耗羡"等。有时虽然会出现几成几分,或几成几分几厘的零数,但都是与正税额直接相乘后征收总额。加征一成称"加一",二成称"加二",一成五就称"加一五",等等。

此外,将正税与耗羡相加,在这个基础上按若干百分比再次加征附加税,称"平余"、"余平"、"平头"、"并头"、"加平"、"短平"、"挂平"、"积平"或"赢余"等。反过来,支出时抽取的几分称"扣平"。雍正帝下令整顿陋规时,有的省将平余银纳入耗羡银之中。田文镜任河南布政使时,曾禁止在传统的正耗之外再对正耗银百两加征一两八钱的平头银(赢余银),只许征收耗羡。田文镜在作为河东总督管理山东省时,也同样禁止在正耗之外加征百分之一的余银,只加征一六的耗羡。(朱・田文镜,二年 V12,八年 Ⅳ27)

然而,从山西巡抚石麟的奏折中可以看到,山西省在耗羡归公后依然存在着平余银:

> 州县拆封以数十戥之秤收,而并作百两一平之弹兑,其中不无多余,谓之并头。此原非额外加耗,已非重戥秤收所致。乃零收总兑,自然而有之赢余也。……各属征收钱粮每百两除原定火耗之外,尚有余出并头银二两。(朱·石麟,六年II2)

石麟请求将其归公送入藩库,但雍正帝驳回了他的建议,命令照旧存留州县作为杂费使用。由此可见,相当于耗外之耗的平余银,在耗羡归公后依然存在。

从火耗到余平,相对正税而言的附加税,总体上似乎是得到认可的,因为它们的用途是固定的,火耗作为官员的费用,余平作为胥吏的费用。所以雍正三年火耗归公后,即便在余平被取消的省份中,其实也是把余平纳入了火耗之中。

正税和火耗送入布政使的藩库时,州县另外向人民征收的余平银中的一部分,则用于赠给布政司的胥吏,也就是"饭食银"。雍正七年,四川布政使赵弘恩奏报:

各州县解司条粮(即丁赋田赋)每百两先向伊等(即布政

司胥吏)饭食银六钱,查系出于州县收粮积平银两。(朱·赵弘恩,七年Ⅳ24)

既然无法废除布政司胥吏的饭食银,实质上也就不得不承认余平银的存在。

然而,布政司从州县收取现银时会再次要求余平。通常,州县向人民征收现银时,往往会有许多碎银,余平银的加征正是以重铸时的损耗为名目的。但布政司领收的已经是在州县重铸过的一百两一锭的马蹄银,若再次要求损耗就有悖情理了。但这又是确实需要的,因为必须给更上级的督抚胥吏和中央政府各部胥吏分发饭食银。布政司要求的余平银远低于州县,一般是千分之一左右。浙江布政使高斌奏报:

臣查得浙省布政司衙门收兑钱粮,每百两有余平二钱,饷费二钱。(朱·高斌,六年Ⅵ2①)

这里所说的“饷费”,实际上应该是搬运现银的费用,而千分之二的“余平”,则是给上级衙门胥吏的饭食银。这一点从四川布政使赵弘恩的奏折中就可知晓:

---

① 原著误为“六年Ⅵ6”,据改。

查臣在任三月,积出平头银四百九十一两零。内支给过院(即督抚)吏奏销饭食纸笔,共银二百四十两零,余银交与吕耀曾,以备凑支地丁奏销部书饭食之用。(朱·赵弘恩,七年Ⅷ24)

因此难以断定布政司向州县要求的余平银究竟是出自州县的火耗还是州县的余平。但火耗归公以后,应该只能从州县的余平中出了。尽管州县的余平当时大致规定在百分之二左右,但实际上是在百分之三四以上,这一点从雍正十三年蒋炳的奏疏《请禁州县征粮之弊疏》中可以知晓:

俱照部平,加增火耗交纳。而州县拆封,每借短平名色,朱标空袋,每填注轻平三四分不等,任用心腹胥役,押花户添补。(《皇清奏议》卷三二)

上面的定额与下面的实际征收额往往不同,一旦上面认为这是自然产生的赢余,下面就必须制定更高的征收额。如前所述,附加税到余平为止还能够忍受,另外还有被称为"私派"、"科派"等另立名目征派的部分,这就会被指为陋规,而且是最狭义的陋规。在地丁银之外,税关等征收上同样存在着陋规。如江西巡抚谢旻在奏折中提到:

　　两关平余银两,系正税赢余两项归并弹兑多出之
数。……又给予官役之陋规,名为神福,每年约计银二千余
两。(朱·谢旻,十一年 Ⅰ18)

　　这里要再次强调的是,拿不到养廉银的胥吏大多只能从余平
银中获取饭食银等,这是得到认可的,除此以外都被称为陋规。
　　如此说来,胥吏基本上靠饭食银维持生活,但饭食银是否能
够维持胥吏的日常开销呢? 这得对各级衙门分别进行考察。首
先是中央政府的胥吏,方便起见以其中最重要的六部胥吏为例。
六部中有户部,如前所述,户部胥吏在接收现银时,除收取饭食银
或添平银外,还有认可地方消费钱粮的"奏销"手续费,这同样被
称为"纸笔"、"饭食"等,这些总称为"部费"。雍正帝继位之初就
匆匆决定整顿部费,雍正元年正月甲午所发上谕中称:

　　各省奏销钱粮,除地方正项及军需外,其余奏销项内,积
弊甚大,若无部费,虽册档分明,亦与本内数字互异,或因银数
几两不符,往来驳诘;一有部费,即靡费银粮百万,亦准奏销。
(《实录》;《东华录》卷二)

为整顿部费,还新设了会考府,交由怡亲王办理。然而,各省督抚
也有人向会考府行贿,雍正帝得知后震怒。当时裁撤的部费其实

只是部费中的一部分,也就是被称为陋规的那部分。雍正帝在雍正二年十月癸巳的上谕中自己也说道:

> 凡事不讲部费不能结案。各衙门书吏,势难枵腹办事,酌量稍给纸笔饭钱,于理犹无违碍。(《实录》;《东华录》卷五)

部费不仅存在于户部,还存在于其他各部。关于刑部,浙江按察使甘国奎在奏折中提到:

> 刑名部费原以供刑部书办纸笔饭食之需。(朱·甘国奎,二年XI24)

关于工部,田文镜在有关南河工费奏销的奏折中提到:

> 每开销银一两,支给部胥饭食银自五分起至七分止。(朱·田文镜,二年XI24)

对此,雍正帝给予朱批答复:

> 部胥如从前给与饭银,汝所见是也,朕不为类斯旧例应给之项而言也。

　　如此看来,中央六部的胥吏原则上都靠应得的部费维持生活,不用说,其数额是相当可观的。

　　其次是督抚二院和布按二司中所谓封锁衙门的胥吏。前文已经提到,正额以外的部分以余平银或饭食银为名,由下级衙门层层送达上级衙门,从中分配津贴。尤其是饭食银,本来就是胥吏津贴的意思,正好与衙役的工食银相对应。然而,饭食银逐渐遭到官员搜刮,似乎无法如数发放到胥吏的手中,[11]迫使胥吏不得不自己找寻新的财源,这必然就是索要陋规了。随着时间的推移,陋规的名目也不断增加。陋规一旦落入官员之手,马上就会有被官员私吞的危险,因此胥吏们都是暗中征收的。同时为使这种行为正当化,又出现了下级衙门的胥吏不经过官员直接向上级衙门的胥吏赠送陋规的倾向。雍正年间河东总督田文镜在奏折中已经指出了这样的现象:

　　　其司府衙门之饭食、敲平、看色、寄库,以至借银、发销等项(陋规),派之州县,州县书役又派之里民,用一派十,各自分肥。(朱·田文镜,七年Ⅲ6)

此外,乾隆元年的上谕中亦称:

　　　凡征解钱粮,上司书吏辄向州县书吏索取费用,因而县吏假借司费、纸张名色,派索花户。(《光绪会典事例》卷一四六　189

《书吏承充》)

雍正帝禁止各省官员收受长期存在的陋规,下令整顿火耗,作为养廉银发放。但是,却没有能够彻底整顿余平银以下的加征,给胥吏发放养廉银。苏州布政使高斌在奏折中说:

> 藩司各房书办人等,旧日一切事件俱有陋规,若严行禁革,恐致别生弊端。臣俱酌减数目,准其收受,惟严禁不许招摇撞骗、舞弊勒索。(朱·高斌,七年Ⅺ4)

雍正帝朱批回答道:

> 如此可谓得其肯綮,甚属可嘉。

在给陈世倌的朱批中也谈到:

> 惟贵适中。至一应陋规,不合理者自当裁革,其向来相沿,日久而无大害者,亦不得沽一时之名誉尽行除去。(朱·陈世倌,二年Ⅷ7①)

190　① 原著误为"二年Ⅷ24",据改。

朱批谕旨中随处可见官员给书吏支付饭食银或盐菜银两,如果维持在每月一百数十两、一年一千数百两的水平上,这就应该是封锁衙门时支付给封锁胥吏的伙食费。[12]毕竟一个衙门中有二三百个胥吏,如果把这一千多两分给各自的家庭的话,几乎起不了任何作用。这是雍正帝按照以下的想法实施的:

> 近来督抚藩臬衙门书吏,虽经一体关防封锁不容出入,而日用供给仍系伊等自备,每于取送出入之时,密书细字,巧通关节。……书吏供给一节,每年计费无多,朕于督抚藩臬皆厚给以养廉,即捐此微以赡书吏,使杜弊端,似亦事之可行者。(《雍正上谕》十一年八月二十五日)

就这样,胥吏以陋规为生得到了默许,因此还出现了"无碍陋规"这样的词汇。但无碍很容易转为有碍。为了不被官员察觉,胥吏之间从上到下结成了一张严密的网络,上下之间的勒索关系同时也可能就是保护关系。侯方域在议中说道:

> 吏胥之有罪者,县发觉之则入于府,府发觉之则入于道,道发觉之则入于院,而人不敢复问向之所。(《皇朝经世文编》卷二四《额吏胥》)

孙光祀则进一步认为：

> 在外省罪迹已著，则潜入京师，衙门益尊，益成若辈藏奸之薮。(《皇朝经世文编》卷二四《衙蠹宜剔其源疏》)

胥吏一旦结成了上下串通的网络，上级衙门的胥吏就可能虐待下级衙门的官员。据雍正帝直接引用王士俊之言所颁发的上谕，广东总督衙门的胥吏，在雍正年间就已经向承缉的吏目、典史、巡检等下级官员勒索院房年节礼等陋规三四十两，如果不满意，甚至可以在下级官员拜访总督时将其扣留，阻止其归任。(《雍正上谕》八年三月一日)

由于胥吏的权势会就此引发弊端，就连雍正皇帝对遏制和规范胥吏都没有足够的信心，充其量只能依靠地方大员，对胥吏的专横跋扈加以掣肘而已。广东布政使王士俊向雍正帝控诉胥吏衙役的专横，请求下达谕旨进行严厉整饬，雍正感慨道：

> 所奏未尝不是，朕姑发谕一道，恐亦属无益，有治人无治法也。(朱·王士俊，八年12)

胥吏的弊端，究其根源，是政府无法通过法律向胥吏支付应有的薪酬，这是与政治力量的贫乏同根相生的病症。随着时间的推移，这一弊害在清朝呈现出愈演愈烈的倾向。

五　雍正以后的胥吏对策

　　查阅清朝的记录,雍正帝以后每当新帝即位,都会发出整顿胥吏的敕命。乾隆元年的敕命行文最长且义正词严,这也说明雍正帝时期的胥吏对策并不十分有效。然而,乾隆帝的敕命似乎效果更差,这一点从嘉庆帝即位第四年发出的整顿胥吏上谕中就可以知道。嘉庆四年也就是乾隆太上皇驾崩嘉庆帝开始亲政的那一年,但嘉庆帝也是徒劳,只是重蹈先帝们的覆辙而已,当时包括胥吏在内的官场已经愈发紊乱,道光帝即位后,一种改革运动开始显现。

　　在君主独裁制度下,君主的更换可以说是一场小小的革命,有心的官僚往往希望以此为契机革新政治。道光帝继位后,不等次年的改元就着手一项新的政策。嘉庆二十五年九月甲子颁布了一道上谕,从上谕中可以看出,雍正年间向官员发放养廉银,禁止其他的陋规,但积年累月后,这一制度已经名存实亡,大小官员纷纷收取陋规,甚至发展到不收陋规就寸步难行的程度。因此有人建议,各省督抚审查陋规,除必须保留的充为公费外,其余一律禁绝。这一新政策的建议者是军机大臣英和。

　　虽然上谕中指责当时的官员在养廉银之外依然贪图陋规,

但这么做也是事出有因。一方面是银价下跌导致物价的暴涨，另一方面是生活水平的提高和奢侈之风的盛行，这些都导致了生活费用的膨胀，从养廉银中开支的幕友费也陷入了以下这样的状态：

> 今于刑名、钱谷二宾，岁馈必得二千金，官之养廉不过此数，其他日用不在此内。（《葛氏皇朝经世文续编》卷二三《杨象济拟策七》）

雍正帝的养廉政策事实上已经崩溃，道光帝必须将其重新建立起来。

五天后九月己巳的上谕，将五天前的上谕进一步展开，再次要求慎重处理此事，务必上无伤国体，下悉协舆情。但朝臣中公开上奏反对的人比比皆是，反对的理由是，陋规虽如其名不被朝廷认可，但实际上是必须收受的。只是因为作为陋规默许，没有公开承认，弊害才不致严重，一旦公开承认，后果将不堪设想。虽说朝廷认可的陋规以外的陋规都应该严禁，但能否落实却值得怀疑。因此，朝廷不加干涉，悄悄将其掩盖起来，才是最贤明最可行的方法。由于反对的声音过于强大，道光帝在众人压力之下，于十二月乙未重新颁布上谕，下令中止整顿陋规，还说：听了众臣的反对意见，此事的确于民生无益，且有伤国体，既然情况已经明晰，朕也不是文过饰非之主，必须坦率承认自己的错误；英和的建

注释:

1. 关于胥吏的人数。《皇朝经世文编》卷二四所录侯方域《额吏胥》记载,「今天下大县以千数,县吏胥三百,是千县则三十万也」。这是明末清初的情况。侯方域生于万历四十六年,卒于顺治十一年。而《葛氏皇朝经世文续编》卷二二所录游百川《请惩治贪残吏胥》记载:「吏胥本有定额,乃或贴写,或挂名,大邑每至一二三千人,次者六七百人,至少亦不下三四百人。」这是清末的状况。游百川,《清史稿》列传二一〇中有传,为同治元年进士。

2. 经承之名。州县衙门的胥吏头也称「经承」,这从《光绪会典事例》卷一四六所录乾隆元年上谕中「直省州县衙门,经承之外,必有贴写」一句可以证明。四川巡抚宪德的奏折中有「额设经制差承」一句(朱·六年122)。「经承」或许是「经制差承」的简称。

3. 关于贴写。据《光绪会典事例》卷一四六所录嘉庆十六年上谕:「至贴写一项,俱由书吏雇觅。」这里说的「书吏」就是「经承」。贴写有许多阶层,可参考服部宇之吉博士《清国通考》第二编中的有趣叙述。

议并无恶意,故不予深究,只追究其使世间哗然的责任,免去军机大臣的职务。接着又在第二天丙申的上谕中,对反对派的急先锋孙玉庭等人进行了褒奖。

整个事件过程让人颇感不快,按照孙玉庭等人的观点,雍正帝的养廉银制度也是严重有伤国体的。实际上,雍正帝时代能够办得到的事,在道光帝时代已经不具备重演一次的政治力量了。这一事件也说明,清朝已经堕落为一个完全凭借惰性存活下去的无能为力的政权。

我们感兴趣的是,这个故事留给人们的思考。军机大臣英和

注释:

4. 关于胥吏的「援纳」。《皇朝经世文编》卷二四所录储方庆《驳吏论》记载:「若吏胥之役,不过入数十金数百金之赀于官已耳。」这大概是清初的援纳额。储方庆为康熙三年进士。援纳之例废除后,有些地方把胥吏参役时向长官交纳的「参费」视为陋规,其金额因职位不同而异,雍正时代大约在三百两左右。(朱·陈时夏,五年Ⅵ4';傅泰,七年Ⅸ19)

5. 胥吏的捐纳,虽不见于《会典事例》,但陈时夏的奏折中有「窃照定例,各衙门吏攒,历事五年役满。情愿捐纳者,捐银选职,其无力捐纳者,俱令赴部考试」。(朱·五年闰Ⅲ7)

6. 书识的职务。中国各地语言的发音都不统一,这对政治是重大的阻碍。杨永斌奏折中称「粤东士子,不谙官音」。当时的书识就是给文武官员充当翻译,这一点值得注意。石云倬在奏折中提到福建地区的情况:「闽省文武官员,不习本地乡音,全凭书识传禀,上情不及下行。」(朱·杨永斌,十年Ⅴ27';石云倬,六年Ⅳ26)

在天子新即位之际,希望恢复雍正帝的先例,说明官员和胥吏贪图陋规的现实弊端已经发展到了无以复加的地步。其他姑且不论,南方的漕粮如果无法顺利运到北京,京师就会陷入饥馑,但漕运方面的积弊已经十分严重。道光元年,本来反对整顿陋规的孙玉庭也提议"八成收漕",也就是在征收的漕米中允许加征八成的陋规,严禁其他进一步的索费,他的论调此时同样遭到了反对,最后的结论是,所谓八成,也终将有名无实,不如不规定具体的数额为好。这真是历史发展的一大讽刺。

接着还有御史余文铨的奏折,建议革除部费。虽然中央政府

注释：

7. 关于清代的奴仆。主仆关系能够如此轻而易举地结成，说明奴仆早已不是古代的奴仆，主仆关系也不再是封建关系。朱批谕旨中看到的卖身契约往往价格低廉，有时身价不过二三两。如「契单填一十余两」（朱·王士俊，十年 IV3）「吕宋的西洋人在广东佛山镇以十五两购得女婢一口（朱·鄂弥达，十年 II6），等等。当时衙役的工食是六两到十五两，一个人的身价相当于一年的工资，可以说和汉代奴隶的身价没有什么不同。这种现象从根本上讲，是一种因利害而集散的、畸形的、资本主义性质的雇佣关系，因此从就业困难问题、失业问题的角度进行考察更为妥当。

8. 不是官的官。把不是官的人称为官，是自古以来的习惯。唐宋时期的孔目官就是其中一例。清代除「堂官」外，还有如王士俊在奏折中提到的事例：「督抚衙役，有承舍旗牌等名色，各役自号为差官，督抚给票差遣，票内亦写差官某人字样。」

六部胥吏向地方衙门征收部费的弊端早已被指出，但清朝的政治力量已经陷入了委顿，六部胥吏变本加厉，部费愈发带上了陋规的色彩。据冯桂芬所言，六部之中以吏兵户工四部为甚，四部部费合计不下千万，每个部的胥吏都不下千人，通常又被几十个人垄断，据说他们的车马居室衣服妻妾，都如同王侯一般。（《葛氏皇朝经世文续编》卷二二《易吏胥议》）

御史余文铨在奏折中指出勒索部费将会导致政治腐败，请求予以禁止，但似乎并没有提出可以替代的方案。道光元年十月庚戌，天子基于奏折颁布上谕：所奏是也，赏。以后若有取送部费者，

注释：

9. 关于拟送。《光绪会典事例》卷一四六所录乾隆元年上谕称：「又闻司院衙门，凡州县申详事件，每先发各房书吏，·拟批送签。」「拟送」就是「·拟批送签」的简写。

10. 关于「四救先生」。救生不救死，指生者和死者发生关系时，如杀人嫌疑等，应当把已经死去的人弃置不顾，努力使活着的人罪名轻判。救旧不救新，指已经离任的官员如果获罪就没有挽回的机会了，所以要尽力搭救，而新任官员即便继任亏空，也能够在任上通过自己的手腕加以追回，所以可以缓办。其他的就无需说明了。

11. 关于饭食银的用途。饭食银本来是供给胥吏的饭食，但逐渐遭到官员的克扣。比如宋筠在奏折中提到：「晋省解刑部官吏饭银三千两外，州县私出银十两，共千五十两，交付提塘，运送部内，为书办纸笔之费。」（朱·宋筠，八年Ⅷ20）孔毓珣则奏称：「南河各厅，从前原有工部饭食一项……此项饭食银两，系部堂司官，作为养廉之用。」（朱·孔毓珣，八年Ⅰ10）等等。外省胥吏的饭食也同样遭到官员的侵蚀。

由督抚查明，严厉惩办。没有比这更滑稽的命令了，因为督抚的胥吏就是为了完成督抚交给的任务，才把部费送往六部的。

必须考虑到的是，虽然只是形式，但这些上谕毕竟都发出了。清朝上下大小衙门的下层都存在着胥吏，唯一的例外就是军机处。军机处在大臣之下设章京，章京从年轻有为的官员中选拔任命，不任用胥吏，亲自从事书记的事务。所以章京一职更需要速写手，而不是文章大家。因此，上谕的发布无需经过胥吏之手，军机处得以超然于胥吏制度之上。清朝末年在外务部下设立新衙门时，都以军机处为范本而不置胥吏，由此才逐渐迎来了将亦已

注释：

12. 封锁中胥吏的伙食费。苏州布政使高斌在奏折中称："臣养廉一万两内，一年赏给众书办银一千两，按月散给。"岳濬的奏折中称："巡抚衙门，每年于耗羡项下，支拨胥吏盐菜银，每月百二十两，此系旧例相沿，以供各吏饭食之用。"这些可能都属于封锁中胥吏的伙食费。（朱·高斌，七年XI4''，岳濬，六年XII25）

特权化了的贵族式的胥吏完全排除的机遇。联想到军机处本身就是在雍正帝的旨意下创立的,不得不说雍正帝在清朝政治史上留下的业绩实在是太辉煌了。

原载《东洋史研究》第十六卷第四号,1958 年 3 月

雍正时期地方政治的现状
——《朱批谕旨》与《鹿洲公案》

一　序　言

　　《雍正朱批谕旨》实在是一份令人拍案叫绝的史料,它把整个
清朝拦腰截断,并将横截面详尽地展现给了后人。纵横当时的社
会百态,没有比这更加详尽的记载了。尽管如此,一旦涉及地方
基层的政治现状,仅凭《朱批谕旨》还是觉得有些意犹未尽、隔靴
搔痒,这是由该书的性质决定的。收入其中的奏折均出自地方大
员之手,文官为布政使、按察使以上的大员,武官为总兵官以上的
军官。虽然偶尔也包含道台、知府的奏折,但终究只是极少数。[1]
布按二司以上是一省的最高负责人,雍正帝将地方政治的大权委
托给他们,所以他们的立场关系到全省的利益,各地域的问题,即
便是处理下属的报告,也往往只是给出一个框架。但我们还是想

更多地了解地方政治的现状。雍正帝独创的奏折政治,首要目的就是整肃官场,然而天下之大,只凭天子一人自然是无法监督知县一级的官员是如何处理民政的,这个任务大多交给了布按以上的总督巡抚等人。因此,雍正帝的官场整肃应该只是间接地影响到了地方政治,如果处理不当,天子的政策甚至可能在中途就被窜改甚至消失。雍正帝独特的政治手段,究竟在多大程度上实现了自己的理想呢?越是深入阅读《雍正朱批谕旨》,这一问题就越是萦绕心头,我们需要通过其他史料来解答这些疑问。

幸运的是,有一份史料可以部分地解答这个问题,这就是收入蓝鼎元《鹿洲全集》中的《鹿洲公案》一书。蓝鼎元(1680—1733)是漳州府漳浦县人,康熙四十二年以县试第一、院试第一的成绩考上了生员,时年二十四岁。康熙六十一年,台湾爆发了朱一贵之乱,蓝鼎元以族兄蓝廷珍私人秘书的身份从军,立下了汗马功劳。雍正元年,蓝鼎元作为拔贡生被送往国子监,适逢编纂《大清一统志》,受命前去帮忙。大概是作为这一工作的奖赏,雍正五年十月被任命为潮州府普宁县知县。[2]次月又被任命为署潮阳县事,治理潮阳县约两年。《鹿洲公案》即其在两县任上的任官记录,文章新颖易读,颇有趣味,而且能从中了解到很多地方基层政治的现状。虽然这还是统治者一方的记录,与作为被统治者的民众之间,看法上不可避免地存在着差距。但既然已经深入到了作为政治基层的县政,我们也许能够超越统治者与被统治者的立场,公正地考察他的这份表功之谈。

二 县政的绊脚石

县的长官,直到唐朝都称为县令,宋代以后称知县事,随着名称的变化,职务上也多少发生了一些变化。县令是受命于天子的一县长官,虽说受命于天子,但既然已经受命,就必须作为一县的代表对当地实施统治。也就是说,知县事是代表天子君临县民的,可以说是中央的爪牙。因此,知县事与其说代表的是县民的利益,不如说是把中央的要求推行到地方。其中最重要的要求就是租税的征收。理论上讲,中央政府的存在最终是为服务地方人民的,从地方征收的租税绝不会只供中央使用。但实际情况是,租税往往面临着被浪费和被恶意使用的危险,所以租税的征收经常遭遇地方不小的抵抗。无论如何,知县必须首先与阻碍征税的势力作战。据蓝鼎元的经验,最大的障碍莫过于盘踞在地方上的土豪,其次是与土豪暗中勾结的自己衙门中的胥吏。

知县的第二项任务是确保地方上的安定,这也是理所应当的。破坏地方和平的除了盗贼以外,还有中国特有的窝盗、讼师一类的势力。

最后,知县还必须为保卫自己的地位而战斗,而危及自己地位的对手竟然是自己上司中的某些人。随着时代的推移,中国的官场习气越发浓厚,派系斗争激烈,正常的人事安排难以进行。

实际情况是,有骨气的硬汉往往更容易受到上司的排挤。这一切,无论是预想到的还是没有预想到的,都是当事人蓝鼎元在直接诉说自己的经历,即使多少有些夸张,仍然能给人身临其境的感觉。

蓝鼎元还著有一套《潮州风俗考》(见《鹿洲全集·初集》卷一四),记录了包括潮阳县在内的潮州一带的社会风俗,并对其"往时"与"今时"进行了对比。所谓的"往时"一般认为是指清朝以前,但实际上大概是雍正初年的情况。当时的情况是:

> 不农不秀,窜身公门,乡民狱讼,恣其鱼肉,遂至炀灶,藉丛威福,横于士大夫,而邹鲁为之一变矣。(以上指"胥吏")行伍之余,流为闯棍。似侠非侠,瞋目街衢,杯酒可代杀人,一呼而闻百诺。(以上指"棍徒")胥吏之余,流为衙侩、为讼师。间有衿监,靡然慕效,而刁讼之风,炽不可遏矣。(以上指"讼师")既不怀刑,遂轻宪网,而有包侵国赋,抗拒征输,积逋连年,妄希肆赦,负气喜争,好勇尚斗,睚眦小嫌,即率所亲而哄,至以兵刀相格,如临大敌。强者凌弱,众者暴寡。(以上指"土豪")时健讼成习,习诬甲于寰区。潮阳词状,日投一千八百楮,海阳、揭阳五七百楮,他或三四百,或一二百,多寡不同,未有百以内者。(以上指"讼师")曩时逋赋成风,绅衿大豪较小民更甚。是以捐籍雍胶,亦甲天南,诸邑监生,多者二千人,次

千余人,最下亦有数百人,恃护符,挞催差。舍命催科不能完十分之五六。(以上指"土豪")

对于地方官来说,这些都是棘手的领域。那么,他是如何与这些县政的绊脚石展开斗争的呢?

1. 胥吏

署潮阳县事蓝鼎元,首先遭遇到的是来自本属股肱部下的胥吏们的抵抗。俗话说:"官看吏七日,吏看官三日。"胥吏洞悉官员的性情要比官员了解胥吏快两倍以上,胥吏在不断的试验中,尽可能愚弄官员,一旦遭到弹压,他们便使出杀手锏——罢工,这在当时叫作"散堂"或"哄堂"。蓝鼎元的前任魏知县就遇上过胥吏们的罢工。县衙中的二三百个胥吏都跑到东山,闭门不出,不愿回到官府中去,魏某只好延请当地的土豪劣绅从中调解,好言相劝才把胥吏们请下山来。此后魏知县就在土豪和胥吏面前抬不起头来了,最终只得辞去了知县。其实这与租税的征收密切相关,是地方土豪煽动胥吏们罢的工。

蓝鼎元到潮阳上任时,最吃紧的问题还是租税的征收。据他所说,潮阳一县每年的税米额为一万一千余石,用于供给海门、达濠、潮阳、惠来、潮州城守五个营。蓝鼎元于雍正五年十月到任,只见仓库中颗粒无存,五营军士无法按时领取禄廪的情况已经持续半年多了,由于吃不饱,个个瘦骨嶙峋,人同鹤样,仿佛任何时候都会发生兵变一样。这当然是连续三年歉收的结果,但也是历任知县缺乏政治手腕的结果。

拖欠租税绝不是因为地方民间没有米。证据就是,贫困小民大多都在按时缴纳税粮,拖欠的大多是地方上有权有势的人家。潮阳一县大约有乡绅、举人、贡生、文武生员七八百人,此外还有花钱捐纳的监生一千三四百人,与这些人相当的政府中的书吏衙役,以及被称为"势豪大棍"者的,又有数千百人。即使派图差前去催促,图差们也因畏惧而不敢靠近他们的家门。据说,如果有人不慎闯入,就会被五花大绑,施以私刑,即便能逃出来,也会被追到县衙公堂上公然群殴。所以图差也不愿和这样的人接触,只能伺机勒索小民,乖乖给钱就姑且饶过。就算到了强制执行的时候,他们也会把乞丐乔装成拖欠租税的人,轻轻笞责后驱逐出境。照这样下去,租税永远也收不齐。

上司也等得不耐烦了,下令如果潮阳县今年因歉收而无法收齐租税,就以县的名义从相邻的程乡县、镇平县借米救急,来年务必偿还。如此一来,知县就颜面扫地了。而且借来的米是必须还的,运费也当然也由借方承担,途中还免不了会有损耗。知县无论如何都希望在潮阳县内部解决问题,于是找来胥吏头商量,但胥吏头根本不愿接话。既然如此,蓝鼎元下定决心,要以知县的身份解决一切问题给你们瞧瞧!他慷慨陈词:我相信潮阳县人民的善意。很快,他就向县民们发布了这样一篇檄文:

潮阳乃是大县,物产丰富,文化繁荣,甚至被称为海滨邹鲁。虽说连年歉收,但今年的收成已有八成,民间的粮食不足问题已经解决,痛心的是军队已经半年没有廪禄了。军队保卫人民,人民出粮供军,这是理所当然的义务。但租税依旧无法收齐,上司命本县向邻县借米。潮阳人请想一想,邻县是二流三流的小县,可那里的税粮却堆满了仓,而我堂堂大县潮阳,又怎能低头去借米? 当然,这是本县的责任,但是潮阳士大夫的颜面不也一起糟蹋了吗? 所以本县找大家商量,毕竟连年歉收,若要县民诸位全额缴纳,似乎有些强人所难,本县万分同情,希望给本次全部缴纳的人提供纳税便利。税米一石加耗一斗,这是天下通例,但是本年的加耗从一斗改为五升。当然,这样一来县衙的杂费就会吃紧,但本县会通过节俭来填补。如果这样说定了,就得追讨原先拖欠的税粮,恳请大家协助本县。如果有人依然如故,拒绝纳税,那就没什么可说的了。既然超出了知县的能力范围,就唯有动用圣上的法律。对缙绅衿监等居于一般人民之上者,要采用最严厉的法规,剥夺他们的官员资格,除去他们的学生身份,最后若遇家破人亡,可不要怨恨本县。

檄文一经张贴,县民都认为知县所言在理,于是纷纷缴纳租税,保全知县的颜面。但其中也有人在旁观冷笑,他们大多是贡生和监生。这些家伙被当作众矢之的带往官府,知县把拖欠的总

额扔到他们面前,说:

看来不必多说了,只需报告上司,剥夺你们的学生身份。只是现在就告诉你们为时已晚,也太可怜了,姑且给你们反省的机会。在拘留所好好考虑吧,只要把租税交齐了,马上就能获得自由。

说完就把他们投入了监狱。后来,大部分人都交齐税粮出了狱。此事一经传出,学生怎么叫都不肯前往县衙。于是只能趁升堂审案之际布网收捕。潮阳是诉讼多发之地,每三日处理一起诉讼,一天接受的诉状多则两千,少则一千二三百。审案之际,在点到相关人员的姓名时,一旦有学生在场,首先就先调查其是否完粮,对完粮者给予奖励,未完者立刻投入监狱。

这样的征税方法意外地奏效,不向邻县借米就解决了军队口粮的问题,到了年底还可以把拖欠的部分全部补上。军队的官长自然格外高兴:"安抚军人的不满实非易事,好在一切都有了回报。本以为有一半或三分之二就谢天谢地了,不想竟拿到了全额。知县大人真是手段高明,佩服佩服!"

就这样,预期的目标轻松地实现了。以前的租税拖欠,本来就是县衙内部的胥吏与地方权势阶层勾结串通的结果,蓝鼎元上任后,他们试图用同样的方法胁迫蓝鼎元,以图继续串谋,拖欠租税。如果顺利的话,甚至可以将以前拖欠的租税全部一笔勾销。但是,结果与胥吏们的希望大相径庭,蓝鼎元仅凭自己一人的决断就收齐了税粮,这让胥吏们颜面扫地。接下来,胥吏们上演了他们惯演的一出戏——罢工,也就是散堂。

一天傍晚,随着一声尖叫,传来了喧闹的脚步声。大队人马正要向东边走去,整个衙门突然安静了下来。一名胥吏头出面大声叫道:"长官,我们要罢工。"

"是要去东山吗?"蓝鼎元冷静地问道。

"正是如此。"

"哦,不过城门已经关了。慢着慢着,我去军队中借把钥匙,帮你们打开城门便是。你们想去哪儿就去哪儿吧!"

见蓝鼎元一点也不慌张,胥吏头反而不知所措。就在此时,又出现二三十个资深胥吏前来圆场,对蓝鼎元说:"请把他们交给我们吧,我们会把这群家伙带回来。"

"算了算了,对方有二三百人呢,你们怎么对付得了?随他们去吧,明天就有好戏给你们看。如今朗朗乾坤,身为胥吏,竟抛下工作躲进深山,这可不是小事。也许是不满知县征粮过于严厉,但知县也是奉了圣上之命,何错之有?胥吏背叛知县,就是不折不扣的背叛圣上。明天,本知县要带着军队和衙役中的民壮,去打上一场漂亮的仗,平定叛乱的功勋和军功一样获得奖赏。不过,叛乱的家伙也着实可怜,即便能够逃脱,家人亲属也会被抓来审问。无辜的人要一起被审判,真让人痛心。你们之间有哪些人愿意留下来?我现在就点名,想离开的绝不阻拦。"

不久,胥吏头报告已经做好了清点人员的准备。蓝鼎元走出 庭院召集众人,分组进行清点,结果发现一个也没有少。

"奇怪了,居然都在。到底是谁说要去东山的?竟敢小看我,当年我在台湾军中,视三十万盗贼如同草芥。更何况东山的石子,脚尖一踢就滚下去了。今日之事不再追究,以后都要用心奉公。"

从那以后,胥吏们都战战兢兢地遵守规则,土豪劣绅们也不再请他们帮着拖欠租税了。(《鹿洲公案》卷上《五营兵食》)

2. 土豪

中国的中南部是开发相对较晚的地区,个人主义还不是很盛行,保留着宗族聚居的习惯,于是就有了大族小族之分,常常会出现械斗等武力冲突。所谓"逋赋抗粮",即有意识拖欠租税的,就是这些大族,直到清朝,还像《水浒传》中那样建立山寨,深居其中。

潮阳县十三都中,洋乌都的山门城是赵姓宗族的根据地。赵氏一门有丁数千,仅衣冠之士就有数十人。宗族中的赵麟、赵伯、赵镐公然拖欠着从康熙六十一年到雍正六年的租税,仅正额部分就达到白银六十九两,米六十八石有余。虽然派出了图差刘科等三人前去催促,但始终没有回音,于是又加派三人前去。三月六日,又派出保正周理亲往催促,正想绑走赵氏宗族的赵德迎,同宗的赵佳璧闻讯,认为这是对赵氏宗族的侮辱性挑战,于是率领二三十人出动,将刘科头部打伤,夺回了赵德迎。于是县衙也加派人手,令附近的保正等人都来助阵,捉拿元凶赵佳璧和赵德鸢二人,对方也派出以赵阿武为首的三四十人,县衙一方寡不敌众,落荒而逃。据说保正周理还被割伤了额头,血流不止。蓝鼎元一边把详情禀告上司,一边令县尉冯灏在衙役和军队的陪同下前往当地,但仍私下嘱咐冯县尉道:"我们的目的就是让他们缴纳租税,切勿率先动粗。"冯县尉感动地说:"明公若有此心,不如暂缓派军队前往,由我先去一探究竟。"于是只带着衙役就出发了。县尉来到山门城见到了赵佳璧等人,说到租税拖欠问题时,他们说道:

> 以前从未有如此强制征收租税的。从祖先时代起就没有过百分百纳税的先例,只要过了十几年,拖欠部分自然会被赦免。新任知县任用衙役对读书人的族人动粗,实在叫人恼火。我们还准备向上司控诉,要求处罚那些衙役,谈什么纳税?

局面陷入僵持。直接晓以利害必定不会听从,劝说赵佳璧一人到县衙谈话也遭到拒绝,让他们多少缴纳一些、勿作抵抗也不被答应。他们一口咬定"知县不换人,我们就不谈判"。县尉无计可施,只好撤了回来。

接着,县尉出动军队逼近山门城,对方也早已做好了战斗准备,于是紧闭寨门,寨内刀枪林立,锋芒闪闪露出墙来,他们这样回答县尉的喊话:

> 拖欠租税,殴打图差,我们统统都承认。若想报告上司剥夺我们的学生身份,那就请便吧。但寨子的大门绝不打开,不

信就来试试,让我们也领教领教你的本事!

面对对方强硬的态度,县尉也无可奈何,只好据实上报。但此番胶着却暴露出了对方的弱点。县尉一边迅速将实情报告上司,请求剥夺他们学生的身份,将首谋者发配黑龙江,一边亲自率领民兵围攻山门城。在此之前还发出了檄文,敦促山门城的赵氏宗族投降:

> 向朝廷纳税是每个人的义务。纳税者不纳税,总得有人代纳,但到底由谁来纳呢?本县再三以理催促,你们却分毫不纳,反而殴打图差,夺回犯人,敢行暴举。尽管如此,本县还是基于法律,派县尉来再三劝说,你们却依然不为所动,闭门设械,企图抗拒,已与叛逆无异。你们也许想宣扬本县手段毒辣,致使良民反叛,好把责任推给本县,但本县何错之有?你们才是蛮不讲理之人,如今站在命运的悬崖上还浑然不知。本县如今已将民兵和衙役全体动员,军队也陆续集结,你们谁也别想逃跑,时日一到必将此寨夷为平地。也许你们中有人良心尚存,如果不想玉石俱焚就赶紧做出决断。给你们三天时间,到时别怪本县不留情面。

送出最后通牒后,山门城被围了个水泄不通,赵氏宗族也大为恐惧,内部出现了动摇,甚至还有人提议将赵家璧捆缚交出。赵佳璧等人的处境不断恶化,终于带领相关的十七人前来投降。他们的举动的确有罪,但以往纵容他们如此猖狂的政治方针同样有罪。总之问题出在租税上,纳税之外,就不必在其他问题上纠缠了。赵佳璧等暂且押送拘留,直到完税为止。第二年三四月,拖欠的银米全部交清,此时蓝鼎元已经离任,由下任知县接管此事。知县本打算只处罚一两人,赵佳璧也只是判处罚金,但总督孔毓珣不同意,认为放过首谋便不足以警戒后人,最终还是剥夺了他们的学生身份。(以上据《鹿洲公案》卷下《山门城》)

这里所描绘的土豪盘踞城寨的情形,绝不是中国近世社会的常态,毋宁说是落后地区保留了中古时期的遗产更为妥当。械斗等现象也是由此派生出来的问题,从中我们反而可以想象六朝地方豪族的生活形态。但是,在普及教育和文化方面,这些土豪的作为是比不上六朝豪族的。

3. 讼师

蓝鼎元于雍正五年七月赴普宁县任知县,大约一个月后发生了一件事。县民王士毅前来告状,称表弟陈天万的妻子许氏,出于嫉妒毒杀了妾室林氏带来的幼子阿雄。被告陈天万和妻子许氏被传来问话,称阿雄因腹中疾病两个月前就死了,医生也没有发现可疑之处。反而妻子许氏硕大如牛,胖到三四人才能合围。据说,九年来她一直都疾病缠身,怎么看都不像是毒杀孩子的人。

唯一的疑惑是,死者的遗骸从墓中离奇消失,这不得不让人怀疑是有人害怕事件暴露才将遗体藏匿起来的。蓝鼎元反而认为,凶手一定就是原告王士毅。经过深入调查,得知王士毅在阿雄死后曾经拜访陈家的亲戚,在了解阿雄的葬地后就马上离开了。再次讯问王士毅,他果然交代了自己是委托一个身份不明的乞丐盗走了阿雄的尸体。真相大白后,王士毅被杖责三十,陈氏一家无罪释放,前来听判的县民都认为这是许久未有的英明裁决,交口称赞,拍手欢呼而去。

蓝鼎元却觉得这事另有隐情,于是派民壮林才前去打探王士毅的下落,并下令如果有人和王士毅同住,就直接把他带来。不久,一位名叫王爵亭的讼师被带到了衙门。在清代,讼师的这种行为是要受到处罚的,所以王爵亭一开始极力否认自己是王士毅的讼师,但是一写字就暴露出了和先前王士毅的诉状完全是同一笔迹。王爵亭在拷问下终于招供,是他出钱指使一个叫陈伟度的人盗走了阿雄的尸体,埋在邻县潮阳泷水都乌石寨附近,具体地点只有陈伟度才知道。于是又拘捕了陈伟度,不想陈伟度是个老江湖的讼师,思虑之深超过王爵亭十倍。更意外的是,他还是被告陈天万的表兄弟,不仅坚决否认与事件有关,还假装凄惨地申冤:

> 我是陈天万的近亲,为什么要去陷害陈天万呢?王士毅、王爵亭这两个不逞之徒不仅陷害我表弟,如今还想让我来背黑锅。如果不是遇到包龙图转世一样英明的知县,我们还不

知道要倒多大的霉呢!

此话在理,差点儿就放走了重要的嫌疑犯。蓝鼎元无意间看
到了他的眼睛,眼眸中闪着光芒,总有形迹可疑之处,于是进一步
试探道:

原来如此,真不辱讼师之名。所言具在情理之中,天衣无
缝。如果是其他知县,恐怕就被你迷惑了吧。不巧,你遇到的
知县正是包龙图转世。既已知晓,还不把实情一一招来。

陈伟度一听,非常愕然,顿时失了言语,这回轮到王爵亭起
劲了:

陈伟度,你这冷酷之徒。三人合谋此事,我本来就是受了
你的指使。"只要把尸体运到邻县掩埋起来就无从实地取证,
只要无法验尸,陈天万毒杀的嫌疑就永远无法洗清。如果都
被拘押拷问,就在诉讼费用吃紧时行贿,以图和解,对方肯定
会屈服,我们就能一起发财了。总而言之,只要阿雄的尸体不
被发现,就不用担心事情的暴露"。用这些花言巧语把我们骗
到这一步的,不就是你陈伟度吗? 但不幸遇上龙图公,盯上了
我们,计划已经全部失败了。只让我们两人获罪,你这主犯却

逍遥法外,难道不觉得卑鄙吗?

于是同伙之间争吵了起来。如此便可以结案了,至于是三人商议,还是只有两人密谋,还需要做进一步的调查。于是,首先在县东门的客栈中打听到了三人连日居住在一起的消息,又得知三人曾在城内一个叫林泰的人家住了三天三夜,合谋之事证据确凿,陈伟度终于撑不下去了,只好交代在下溪尾挖了个三四尺深的坑掩埋了阿雄尸体之事,又交代为留标记把旁边的一棵树砍了一半。经过搜查,果然发现了尸体,验尸结果没有发现别的异常。

陈伟度是当地有名的讼师,作恶累累,但为什么要使出这样的伎俩来诬陷自己的表弟呢?调查后才发现,这都源于分配祖父遗产时的家庭矛盾。所有事件根本原因都是与田地、租税等经济利益有关的纠纷,这真是一个物欲横流的时代。(以上据《鹿洲公案》卷上《三宄盗尸》)

讼师活跃的社会往往是存在缺陷的。中国的法律有一个奇妙的原则,嫌疑人只要拿不出证据证明自己无罪,罪名也就永远也洗不清。这样的人不仅被棍徒利用,还遭胥吏算计,有时甚至连官员都来分一杯羹,弄得良民叫苦不迭。

4. 窝主

潮阳有个监生叫马仕镇,住在仙村。马氏是大族,有丁男两千余人,宗族分居三寨,呈鼎足之势。仕镇的好勇斗狠可谓马氏之最,生来就有盗癖,看到别人的财产就心生不平,必定掠夺而去，所以连至亲密友都相互告诫，钱财不要让他看见，看来的确是个麻烦的家伙。马仕镇素来仰慕柳跖、宋江等人，招揽匪徒，和他们来往亲密，于是四方无赖之徒纷纷归顺。家宅旁有一间大楼，前来的盗贼都被留在这里受到款待，楼中有时积聚数百人，出入往来都趾高气扬，横行无忌，若有人犯其颜色，就直接挥拳相向，乡人畏之如同猛虎。

马仕镇最初以劫掠起家，后来渐渐富裕，康熙四十三年捐纳监生，此后俨然以士林自居，群盗尊其为马老爹。马老爹之名响彻潮州一带，巡按的承差和道府的胥吏都暗中和他来往，派出打探的人也十有八九住在他的家中。于是县里的绅士和县衙的捕役都争着和他套近乎，惴惴不安，生怕有半点忤逆。附近的百姓被他们弄得鸡犬不宁，有时暗中请求官司抓捕，则会遭到捕快的殴打，只能狼狈逃回。潮阳知县前后十人，三十四年之间都在等着机会将他们拘捕，但终究难以如愿，于是只好连哄带骗地拉拢他们。彭知县任命他们为第五都的粮长，但盗贼行为依然猖獗。后来，支知县大发雷霆，亲自动员军人四百人杀向仙村，但马仕镇紧闭三寨大门拒守，还发射火炮攻击知县的军队，同行的武官心生畏惧，反而率军撤走。上司的左右都是马氏的心腹，上司反而责怪支知县行为鲁莽，责令他与马仕镇握手言和。下一任的魏知县为讨好马仕镇，给了他县西南地区总约长的荣誉头衔，但马仕镇越发骄横，胆大到不仅在乡村，甚至闯入城里盗窃。

还有马仕镇的手下胡其畅，公然闯入潮阳县城布帛商人陈开发的家中,将数百丈的棉布全部夺走,他的身后必有马仕镇撑腰。恰逢蓝鼎元由普宁知县调任潮阳知县,赴任途中正好路过马仕镇所居住的仙村一带。只见仙村人口稠密,三寨鼎立,寨内高楼耸立,终究难以武力夺取。蓝鼎元一夜没合眼,始终都在思考对策。

经过打探得知,县衙役马快中的林承是马仕镇的外甥,于是蓝鼎元托林承劝说马仕镇前来拜见新上任的知县,终于把猛虎引入县衙内成功捉拿。马仕镇招认了陈开发家的盗贼事件,但对于此外的数百件罪行都拒不承认。蓝鼎元派捕手到仙村楼中搜查,却发现几百盗贼都已经闻风而逃,只能空手而归。马仕镇毕竟有监生的身份,蓝鼎元还没来得及请求上司剥夺他的身份,自己就因别的缘故被免职了。蓝鼎元懊恼不已,不能扑杀此贼,为百里内外除害,实在遗憾之至。(以上据《鹿洲公案》卷下《仙村楼》)

明清法律中有盗贼窝主条,隐匿强盗或窃盗者,即使自己并未参与,仍以强盗罪论处。但实际情况是,由于难以举证窝主和直接犯罪人之间的关系,大盗反而逍遥法外。马仕镇的情况就是如此。不过从人权保护的角度来看,这也可以说是社会的一种进步。保护人权(?)过了头,就会给善良的人们带来麻烦,这一点古今皆然。

5. 上司

包括潮阳县在内的潮州府一带连续三年歉收,粮食告急。知府之上的惠潮道道台楼俨本是广州知府,在广州知府任上,花钱从民间收购了大约五万四千石的谷物,如今潮州府粮食吃紧,如果潮州府能把这些谷物买下，那么就能填补广州知府任上的空缺。按照如意算盘，潮州府下的谷价是每石银八钱，但到了同是广东省却远在西陲的高州，上等米每石也只卖五钱，普通的只卖三四钱，非常合算。只要操办得当，便是大功一件。因此道台楼俨对此事非常热心，在得到总督巡抚的同意后，更是亲自包揽了事务。至于实际前往广东西部购买谷物的人选，楼俨选择了自己器重的部下，即巡检一级的官员，这为日后埋下了祸根。巡检类似于今天的巡警，属于最低一级的从九品文官，其部下是称为弓兵的民兵。在楼俨派出的三班购买船队中，一班以宋肇炯巡检为首，他们首先赶赴广州领取价银，另外还在附近的佛山镇采购了一批当地名产铁锅，到高州后把铁锅卖掉就可以获利。结果因此耗费了太多的时间，等到买妥谷物返程时，季风的风向已经改变，刚从高州出发，近三千石的谷物就遭难沉入了水底。不仅如此，还汇报说途中遭遇了海贼，并漂没了三艘船。但不可思议的是，他们自己购买的货物却毫发无损。第二班张宏声率领的船队也一样，近三千石的谷物打了水漂。

由范仕化率领的第三班船队在广州附近购买了一万五百五十石谷物，原定全部交给潮阳知县蓝鼎元的，但同样因错失了季风无法返回，队长范仕化只能独自从陆上返回，把船只托付给了手下。谁知留下的衙役和雇来的船主自作主张，船一靠岸竟用谷物换了衣物。为了填补空缺的谷物，又用秕谷掺杂，甚至想出了用水浸泡以增加重量的毒辣伎俩。

　　四月二十八日,范巡检属下的八艘船在潮阳县磊口港靠岸,知县蓝鼎元闻讯后奉命前来领收。早有传闻说这次的谷物质量低劣,所以蓝鼎元事先让各船取一石样本,送至县衙检查。由于先前掺入了太多秕谷,经簸箕一扬后,合格的谷物就只剩下了八斗,舂成糙米后就只有三斗八升到四斗了。这和一般一斗能舂五斗多糙米的观念相差太大。但范巡检却很平静,扬言这些谷物是道台所购,质量如何只问道台便可,船主等人没有任何过错。作为上司的道台楼俨催促蓝鼎元尽快领收谷物,而范巡检平时就是道台宠爱的部下。

　　麻烦的是,如果就把船只停在海岸边,万一暴风袭来船只沉没,就是领收方知县的责任,总之必须先办理领收事宜。蓝鼎元派县里的胥吏率领几百只小船前去领收,却发现对方的衙役和船主无一不是如狼似虎的恶棍。他们不仅把掺有秕谷又经水泡的谷物克扣一成,而且这儿派去的船主又与对方船主发生了口角,这方的船主负伤而逃。吃了苦头的胥吏和船主都不愿再去领收谷物,蓝鼎元只好亲自出马。

　　一到磊口港,就看到八艘大船上竖着"奉旨押运"的大旗,巡检的外甥马相公、衙役高光、民兵董明等小角色,也仗着道台的威仪,如将军般威风八面。据说,他们每晚都叫戏子和妓女到船上来饮酒作乐。对蓝鼎元来说,完成谷物的领收事宜实是无奈之举,日后的计算肯定是合不拢的。蓝鼎元一看谷物就觉得奇怪,因为谷物中还混有糙米。这就奇怪了,谷物中不可能一开始就混入糙米,一定是船主等人把谷物带上岸舂米,把谷糠带回来掺到谷物中去时不慎混入了糙米。

通过对附近岸上的搜查,果然在棉花村谢朝士家中发现了尚未舂完的四包高州谷。有了证据就能把船主和水夫捉拿归案,于是八艘船的船员全部被关押审讯。最终查明,他们从高州出发后,途中上岸把谷物倒换成了衣物。不用说,这些得由巡检范仕化全额赔偿。蓝鼎元正要上报此事,却想起了范仕化乃是道台的部下,而自己说来也不过是道台的下属,怎么能让道台失了颜面?于是下令,船主盗取的谷物卖掉船来赔偿,依然不足的二千二百石谷物由船主自己抵罪赔偿。但是范仕化仍对这样的处理感到不满,如果让船主赔偿,归根到底还是范仕化的监管不力,范仕化的监管不力就意味着道台的失职。通常知县在这个时候只能选择沉默,回答谷物没有缺损,离任时只要和道台打声招呼,新任的知县就绝对不会追究谷物的缺额,长久下去,亏损自然会被填满。但蓝鼎元不愿如此,他选择到道台面前争论此事。仔细想来,仓库里的谷物既非道台之物,也非知县之物,而是圣上之物,出自人民之手,最终还是国家的消费,途中出现了如此大的损失,便是愧对圣上。道台乃是朝廷大官,知县以上无疑都应为圣上尽忠。但范仕化事后对人说,他在此事中只是一时失职,很快就能东山再起,因此得罪道台的蓝鼎元,反而会招来百倍的灾祸。这种颠倒黑白的话却成了现实,蓝鼎元以领收谷物不足为由,遭到道台楼俨的弹劾,结果被革职处分。(以上据《鹿洲公案》卷下《西谷船户》)

三　知县的进退

雍正六年十二月,蓝鼎元在署理布政使王士俊的推荐下调补番禺县知县。但这道命令是否发出,蓝鼎元是否赴任却不得而知,因为局面很快发生了剧变。³惠潮道道台楼俨揭发蓝鼎元六宗赃罪,负责审理的王士俊也不得不转而弹劾自己推荐的蓝鼎元。⁴蓝鼎元被革职,更糟的是,楼俨于雍正七年二月升任按察使,掌管一省的刑名。⁵楼俨进一步审理蓝鼎元的罪状,以仓谷欠缺三千三百石为由,责令其偿还,甚至还说赔偿完毕前必须关押拘留。

总督和巡抚竟然能同意如此荒唐的做法,这中间其实另有内幕。雍正初年,广东官场的派系斗争异常激烈,王士俊被派往调查真相,结果各打五十大板,随后奉命坐镇的总督是郝玉麟。⁶赴任之前,雍正帝叮嘱他们不要党同伐异,须与同僚协力一致。因此若是按察使楼俨强烈主张,他们也不便反对,为了顾全大局,就只能牺牲小人物了。

潮州知府胡珣对蓝鼎元深怀同情,于是和同僚与县民商议凑钱帮助赔偿,出狱后请他充当《潮州府志》的编纂,担任内职。⁷另一方面,对手楼俨此时的声望也逐渐败坏。署理广东巡抚傅泰在雍正七年闰七月十二日的奏折中建议,楼俨已是年老昏聩,请调之闲散省份担任按察使。雍正八年初,总督郝玉麟密奏弹劾楼俨信任衙役萧鸣而导致失政,楼俨被命令解职上京。[8]继任的按察使是盐运使黄文炜,于是蓝鼎元的前途又变得光明了。

雍正十年二月,满洲人鄂弥达赴广东任总督,他是仅次于鄂尔泰受到雍正信赖的满洲大臣,皇帝对他有着汉人所无法企及的亲近感。鄂弥达听说蓝鼎元的为人后,便把他招到门下担任幕友,并在九月三日的密奏中上诉蓝鼎元革职一案的实情,又在十二月一日的奏折中请求赴部引见。雍正帝此时也特别想通过亲自询问了解这个人物,所谓"奏对良久",恐怕是问答的时间相当长。雍正似乎很满意蓝鼎元的为人,任他为署理广州知府,赐御书谕训诗文、貂皮、紫金锭、香、珠等物后命其赴任。这是破格的待遇,然而不幸的是,蓝鼎元在上任不久后的同年五月就患上了疾病,六月二十二日病殁,壮志未酬,享年五十四岁。

所谓下情上达,无论在何种体制下都很难实现。尤其是在中国历代的君主独裁制下,下达容易上达难。但在雍正帝那样极度贯彻君主独裁制的时代,下情上达不是不可能的,因为天子也在为此努力。但是,天子与地方政治末端的县之间的距离实在是太长了,距离越长,花的时间就越多。我特别想知道,在中国近世君主独裁制度下,天子的意向究竟通过什么样的方式、又多大程度上能下达到地方? 比如蓝鼎元,作为雍正帝赏识的知县到广东潮州府属县上任,自雍正继位以来花了五年时间。知县在远方工作,遭到上司的肆意免职,熬到出头又花了三年多。但这也仅限于雍正帝在位的时候,如果是其他的时代,也许蓝鼎元早就含着不白之冤消失得无影无踪了。

那么,如果在位的天子不像雍正帝一般,而是个消极怠工者,地方基层的政治又会是怎样呢?如果鞠躬尽瘁只会被当成傻子,这样一来谁都不会热心于地方的治理。但若仅凭这一点就断言政治一片黑暗,那也太武断了。因为中国国土过于广袤,正因为广袤,善良的人也就不会绝迹,而且在这种时候,中国传统的儒学就会发挥作用。

蓝鼎元的《鹿洲全集》卷一〇有《怪尹记》一文,记录了同僚王辅的品行。王辅是两江天长县人,雍正三年受安徽学政孙嘉淦的赏识,从生员拔为贡生,特授潮州府海丰县知县。他与蓝鼎元肝胆相照,相关事迹也许直接引用《怪尹记》会更加明了。

　　雍正五年丁未冬,余在潮阳,闻海丰有怪尹焉,不知何所谓。明年春,便道海丰邑,问诸其民曰:"尔之令君何如之怪耶?"对曰:"不然。爱民如子,理邑如家,吾丰循良仅见也。""然则曷为以怪名?"曰:"布衣蔬食,不事上官,好直言,触讳忌,官故怪之。"余闻愀然,曰:"布衣蔬食,何害于人? 不事上官,事国事民。以廉直为怪,余不知之矣。"薄暮宿海丰郊,尹来视余。果衣古布衣,骑羸马,以两隶导行。余曰:"噫,善哉! 223

清操逼人，君独不畏夫媢嫉者乎？"尹曰："然，嫉者多矣，吾行吾素耳。嫉我不过一官，吾徒步归，何害？"盖是时岭表廉能之吏无出尹右者。尹目中亦寡所可，独与余相得甚欢。先是五日，前抚粤中丞杨文乾率骑从过尹境，尹惟扫一馆以待，他无所有。杨公曰："吾所欲劾者三，一曰贪，二曰庸，三曰怪。"尹夷然长揖曰："前二者，下官无之，三恐不免，请受劾。"杨公不悦，诘以地方事，条对了了。在尹境三日，数问田间民，乃知尹为政明决，折狱如神，嫉恶严而待民恕。俸禄外一钱不染，地方大小事务无不辨。杨公喟然大息曰："吾几失子。子之守连驰六禀，谓子怪诞贪墨，请出弹章劾子，不意子之贤若是。吾今知子，子勉之。"自是始有谓尹非怪者。

原文还更长，从文中来看，王知县和直属上司发生了正面冲突，知府弹劾知县，知县也攻击知府受贿，结果两败俱伤，都被解任了。杨巡抚当然是站在知县一边帮助推荐，不幸的是杨巡抚不久就去世了。知府在铁证面前承认受贿，并因遭到知县的当面侮辱而怀恨病死。由于对手已经死去，知县仓库银两亏欠的原因也就无法判明，知县被问罪贪赃九百两，按察使楼俨认为知县罪恶深重，判其盗用白银一千三百两。所幸的是同僚和县民筹集义金帮他如数赔偿。蓝鼎元赞赏怪知县即使与上司冲突也要坚持正论的勇气，后悔自己的态度中途转变，远远不及知县。但结尾处也说到,远离官场后获得了读书的时间,这也是意外的收获,而且还是拜仇人所赐。如此看来,蓝鼎元这样的人物在当时并非独一无二。

无论什么样的时代都会有好人,是他们真正支撑着这个社会。特别是在中国这样有着悠久传统,又自信于自身文化的国度,并不是所有人都顺应大潮,焦急得唯恐赶不上时代的列车。无论何时都会有人坚守自己的信仰,忠实于自己的道行。只是时代的变迁,总有好人出头和恶人得势的时候。随着世间沉浮,这些人即使被掷弃鄙野,也依然如故地做着自己的工作。雍正时代,就是这样一个连鼠目寸光之人都会啧啧称奇的充满价值的时代。而且我们可以知道,天子个人的意向能够意外迅速地渗透到了地方基层的县政之中。

蓝鼎元作于雍正八年的《潮州风俗考》中,后半部分还记载了清朝政治渐渐渗入地方,风俗为之一变的事:

> 自奉谕训以来,海澨山陬,共仰荡平正直之王路,每当城乡市镇朔望宣讲,父老扶杖而观,童儿翘首以听。……迩者命案已少其十之六七,解雠怨以重身命者有之。……士子羞奔竞励名节,非公不至长吏之庭。即有一二俗习未除、嗜讼结蠹者,皆乡曲所不容,避匿他郡,报还故土矣。……曩时健讼成习,今已减其十之八。讼师藏头靡耳,有散而之四方者。……

襄时逋赋成风,今则绅士皆踊跃输将,急公以为民望。本年粮米如普、澄、惠、埔、平、镇诸县,或入秋即已通完,或冬腊并可廓清。海、揭、程、饶皆在九分以上。唯以潮阳之积逋难追,亦于十月内清至八成以上。及奏销,最绰绰,此从来未有之事也。

这当然不乏夸耀之词,但回过头想想,越是民智开化的社会,腐败就越深刻,但只要有合适的领导者,改革也就越迅速。雍正帝的努力绝不是徒劳的,确实得到了回报。当然,说是雍正帝的意向,其实也并不是他个人,背后有着社会全体的呼声。我认为,这些事对于了解中国近世史至关重要。如果把清朝末年的乱局视为中国数千年历史到达的最终阶段,然后向前追溯,把此前想象成更加拙劣的社会,那就不仅歪曲了过去的影像,也无法理解民国之后的飞跃进步。我们的雍正时代史研究,不是局外人认为的那种可有可无的事业。

四 结 语

以《史记》为首的中国历代正史中常常设有《循吏传》和《酷吏传》。《酷吏传》到唐朝就消失了,《宋史》以后只剩下《循吏传》。这其实是因为宋代以后随着君主独裁制度的形成,地方官

注释：

1.《雍正朱批谕旨》中下级地方官员上折的例子有：第十一函第六十八册孙国玺于雍正六年二月以杭州知府身份所上奏折，第十五函第九十二册吴关杰于雍正二年八月以兖州知府身份所上奏折。

2. 关于蓝鼎元的初任官。蓝鼎元《鹿洲奏疏》的《履历条奏第一》记载："漳州府漳浦县人，年四十八岁。雍正元年拔贡，充内阁《一统志》馆纂辑效力。雍正五年三月初四日，吏部钦奉特旨带领引见，奉旨着记名遇有要紧知县缺出奏闻。"据其长子蓝云锦《蓝鼎元行述》，蓝鼎元于雍正六年冬任普宁知县，"六年"实为"五年"之误。《鹿洲公案》卷上《五营兵食》条载其于雍正五年丁未十月十八日抵任，逾月署潮阳县。

员不再被授予巨大的权力，无法像以前那样对人民赶尽杀绝了。实际的情况也是，能够与《汉书》、《唐书》中所记载的酷吏相匹敌的大人物，宋代以后是找不出来的。但与此同时，以德行感化一郡之民的循吏也越来越少。蓝鼎元虽然被载入《清史稿》卷四八三《循吏传二》中，但他与其说是循吏，不如说是能吏。

之所以将蓝鼎元称为"能吏"，因为近世的官僚都是如此，一面是循吏，一面又具备了酷吏的性质。镇压胥吏罢工，制御拖欠租税的土豪，挥舞着皇帝的威名给自己壮大声势，这些都是酷吏共有的特点。不过，近世的能吏绝不是只会滥用祖传的绝技，终究还是要以理服人。他们就像围棋或将棋的高手那样深谋远虑，

注释：

3. 关于蓝鼎元署理番禺县。《雍正朱批谕旨》所收署理广东布政使司王士俊雍正六年十二月初十日奏折载：「普宁县知县蓝鼎元，拟调番禺县，已节次详明督抚。」此外，《鹿洲公案》卷下《林军师》条载：「余适因公奉檄赴省，院司列宪，并拟荐调番禺。以首邑事繁，废弛已久，留我即日在番视事。余固辞不可。至于腊月乃归……奉参去位。」

4. 蓝鼎元被弹劾事。《蓝鼎元行述》称：「观察（道台楼俨）衔之，属藩臬（布政使王士俊，按察使尹继善？）诬揭六款，裁赃千余，所革渔船例金其首也。渔人赍石刻鸣冤，弗省，奏上，奉旨革职。而观察旋升臬司，周纳成狱。」「渔船例金」云云，指的是这段文字前面所说的「邑故有渔船四百，每船例四金。新令至，必输金以易新照。府君峻却之，镌石于泊舟之步」。王士俊参与弹劾之事，见其雍正七年七月二十四日的奏折：「于署理布政使时，将署潮阳令蓝鼎元，列款揭参。」关于革职后的罪状调查，见《朱批谕旨》鄂弥达雍正十年九月初三日奏折：「缘雍正六年署潮阳事任内，有原任惠潮道楼俨，运贮潮阳西谷，被押运巡检范仕化等勾同船户，沿途盗卖并买秕谷掺和，共缺少谷三千二百石。楼俨令鼎元代赔，鼎元无力赔补，致被楼俨揭参革职。」但革职的时间应以《行述》为准。

虽然对手也已经想好了几手妙棋，但最终还是我方更胜一筹。在不断的交手过程中，对手终因无计可施而落败。既然对手已败，只要答应我方的要求即可，无需更多深究。所以近世的能吏是绝不会无端流血的。《清史稿·蓝鼎元传》曰：

鼎元尤善治盗及讼师，多置耳目，劾捕不稍贷，而断狱多所平反，论者以为严而不残。

注释:

5. 楼俨任按察使。《朱批谕旨》傅泰雍正七年二月二十四日以署理广东巡抚的身份所上奏折中称："楼俨于二月初九日已到按察使任。"蓝鼎元被革职应在此前。

6. 关于广东的党争。《朱批谕旨》王士俊雍正六年十一月十五日以为署理广东布政使的身份所上奏折中称："奉上谕,原任广东巡抚杨文乾,系宣力封疆之大臣,朕闻其病故,心甚悯恻。闻(署总督)阿克敦,自广西回至广东,与(布政使)官达(《按察使)方愿瑛等,怀挟私怨,以杨文乾病故为快,演戏开宴,置酒称庆。"不过,阿克敦、方愿瑛早在雍正五年九月就被解职了。

7. 潮州知府胡珣。《行述》称:"郡守胡公延修《府志》,出府君于狱,诸款赖士民投匦,上官同寅,倾囊集腋,依限结案,例得回籍。"胡珣之名在《朱批谕旨》中也可屡见。

这一评价可谓中肯。从这一点上来说,中国的政治从秦汉以后两千年,取得了令人刮目相看的成长,或者说是进步。

近世的能吏是古代循吏的化身,但两者最大的区别在于对人民的感化力相差甚远。古代地方民智未开,中央派遣的文化人长官,其感化力能够发挥绝对的作用,而后世随着文化的普及和判断力的提高,地方长官当然很难再倚仗自己的名望了。同时,随着中央对地方经济性要求的增加,忠实于中央的长官往往被地方

注释：

8. 关于楼俨。《朱批谕旨》署理广东布政使王士俊雍正七年六月十一日奏折中称："原任惠潮道楼俨，奉特旨署理臬司印务。到任四月以来，该员感激天恩，力图报效，尽心办事，不敢偷安。但自上年大病之后，未免精力少衰。"朱批曰："此人果肯竭力奉公，何事不克办集耶？古人云：为善日强。既能尽心办事，朕可保其精神，行当倍增也。"雍正帝此时似乎仍信任楼俨，但同年闰七月十二日署理广东巡抚博泰上折请求召还楼俨。雍正八年三月十一日广东总督郝玉麟上折曰："窃广东按察使楼俨信用革役萧鸣一案，经臣奏明，奉旨楼俨必有失于觉察之处，着解任来京。"朱批曰："蠹役萧鸣强横肆行，目无法纪，其属可恶；着该抚严审，定拟具奏，该部知道，钦此。"其后雍正帝对楼俨的评价大为改变。雍正九年九月初四日江西巡抚谢旻上折称："查按察使楼俨，于上年十一月到任。臣见其履历，开写年六十三岁。恐其年力就衰，精明不足。……知楼俨居心诚实，行事谨慎。"朱批曰："言楼俨诚实，汝误矣。"奏折曰："楼俨为人忠厚，遇事过宽。"朱批曰："若言忠厚，更误矣。留心试看，汝自知之。其遇事用宽，不过假仁慈，以沽名誉耳，非出自本心也。"虽然批驳之语相当毒辣，但不知为何再次起用其为江西按察使。

所厌恶，这样的倾向越发显著。地方人民希望长官善用中央给予的权力，顶多就是除去土著的棍徒而已。这样微薄的期待，同时也就是所谓善政的极限了。蓝鼎元的功绩，最终也可归结于此。

《雍正朱批谕旨》的内容十分详细，但《鹿洲公案》的记载更加具体，而且是治理地方民政的官员直接留下来的史料。古话说，事实比小说更有趣。我们读《鹿洲公案》时，感觉仿佛是在读侦探小说一样。读者们也许会皱着眉头说，这篇文章写得太追求趣味，反而不像学术论文了。但这是因为作为史料的《鹿洲公案》

注释：

9. 鄂弥达举荐蓝鼎元。《朱批谕旨》雍正十年九月初三日署理广东总督鄂弥达在奏折中举荐蓝鼎元，结尾处朱批曰："蓝鼎元应赔之项，如果全完，案件既经清楚，给咨令其赴部引见可也。"接着同年十二月初一的奏折中证明追赔各项已经了清："业经前督臣郝玉麟题明，准部议覆，奉旨免罪，此外并无不清之案。"对此朱批曰："俟引见后，有旨谕部。"之后的事可见于《行述》的记载："奉特旨进京，十一年三月引见，奏对良久，命署广州知府，赐御书谕训诗文及貂皮紫金锭香珠等物。温纶奖励，盖异数也。"虽然总体上说蓝鼎元只是个知县级的人物，却能从《朱批谕旨》这样的敕撰书，而不是《行述》和墓志铭中如此详细地了解到他的履历，这也是只在雍正时期才会有的特殊现象。

本身太有趣了。如果读者们直接去读一下《鹿洲公案》，也许还会反过来批评我的文笔不够生动。既然有上好的史料，就不必遵守死板的规则，非得把活生生的事物杀死切碎做成干货，制成既无口感又无营养的食品。我觉得自己的义务就是如实地介绍史料，并且努力寻找与之匹配的镜框，将之展现在大家的面前。

原载《东洋史研究》第十八卷第三号，1959 年 12 月

论雍正时期俸工银扣捐的废止

翻阅中国史书时，常常会遇到一些意想不到的记载。不过，世上如此令人匪夷所思，乍看之下颇感意外的现象，也许在当时却是司空见惯的。不，毋宁说当时实属正常而今天却令我们感到不可思议的事象，才是我们深入理解中国社会真实状况的绝好材料。

地方官员被迫将应得的俸禄全部捐献给政府，这样的现象在中国历史上都是罕见的，但是，它至少在清朝康熙晚期到雍正初期都普遍地实行着，这就是所谓的"俸工银扣捐"。如果只是官员的俸禄，那还多少能够理解，但连衙役都不得不将应得的工食银全部捐纳给政府，这在现代法治国家无论如何都不可能发生的现象，在当时的中国却半公开地进行着。然而，实行俸工银扣捐前后的事实，在清朝官方的记录如《实录》和《圣训》中只留下片言只语，因此，很难引起一般研究者的重视。只要仔细一想就会明白,即使是半公开的,但在任何人看来扣捐都是不合情理的。这种不合情理或者说有损名誉的政策,自然不会被记录到以赞颂皇朝功德为主要目的的《实录》或《圣训》中去的。

幸运的是,关于这个时代,留下了一份我们很早以来就万分珍惜的特殊史料,这就是《雍正朱批谕旨》(下文所引官员奏折之言,未特别注明出处的,均来自此书)。俸工银扣捐问题以及被废除前后的情况,通过《雍正朱批谕旨》,大体也可以描绘出一个基本轮廓。不过,《朱批谕旨》并不是为讲述史实而编纂的书籍,在细节问题的探讨上往往有隔靴搔痒之感,因此,我想结合自己收集的其他一些零星史料,尽可能对这一问题的来龙去脉进行阐述。

一　俸工银的性质

"俸工银"是"俸银"和"工食银"的合称。俸银是付给官员作为俸禄的银两,工食银则是付给衙役作为工钱的银两。"工食"还可以进一步分为"工"和"食"两项,也就是"人工"和"饭食"。"人工"就是纯粹的工钱,"饭食",顾名思义是指伙食费。[1]目前还没有必要分得那么细,我们就用"工食银"来总称支付给衙役的薪金。

在中国近世的晚期,至少是明清时期,在地方衙门工作的大致可分为三类人。最上一层是中央政府任命的官员;中间一层是胥吏,虽然形式上胥吏是由官员委任的,但事实上他们世代盘踞在当地的衙门之中;最下一层就是被官府雇佣的普通劳动者衙役,他们往往被视为贱民。此外还有"幕友"和"家丁",但他们与官员之间均为私属关系,这里暂时不作探讨。

胥吏以吏、户、礼、兵、刑、工六房作为主轴,另外还附有其他的二三房,各房都有主任胥吏,一般称"经承"。原则上获得官府承认(亦即"经制")的胥吏只有经承一人,其下属胥吏其实都是经承自费聘请的部下而已。而且,经承以外的胥吏,官府是不发放任何正规的薪金的。[2]

然而,比胥吏地位更低的衙役,却可以从官府获得薪金,数量虽然不多,但颇为正式,这就是工食银。而且这一费用属于正项,即出自国库,在这一点上,工食银和官员的俸银是一样的。

衙役主要分为三班,即皂隶、快手和民壮。皂隶是杂役夫。快手是捕快,又分为骑马的马快和徒步的步快两班。民壮则是军队的辅助兵。三者分别简称为"皂班"、"快班"和"壮班",合称"三班",有时和胥吏总称为三班六房。[3]

六房的胥吏没有定额薪金,而地位更低的三班衙役却可以获得数量有限但却出自国家财政的薪金,这一现象值得我们注意。原因在于,胥吏和衙役在起源上就是不同的。[4]也就是说,胥吏来源于人民向官府的服役,而役的基本原则是地方民众轮番为当地官府提供无偿劳动。而衙役则不同,它源自地方官府出钱雇佣杂役夫为官府服务,工钱由政府规定,并且被纳入政府的年度支出预算之中。

　　但更重要的原因似乎在于,胥吏处理的事务往往与财务出纳有关,按惯例能够获取相当多的利益,而衙役只是跑腿的杂役,掌控利益的机会非常稀少。[5]

　　于是就有了这样一个疑问,清朝地方官衙的俸工银到底有多少? 我们虽然可以从地方志中找到一些线索,但无法从所有的地方志中找到满意的答案。毕竟大部分地方志编纂者的兴趣都未必和我们一样,他们忙于收集诗文或列女故事,对衙役的工食是不会感兴趣的。在此,我们根据《道光苏州府志》,把苏州府的俸工银列成了下表。

苏州府各衙门官役俸工等银(据《道光苏州府志》卷一三)

A. 俸银

官　　名	俸　银(两)	员　数	总　计(两)
巡抚位下		1	*109 304
钞关项下捕官廪粮银		1	**24 000
苏松粮道衙门库大使		1	30 931
知府员下		1	104 803
本府总捕同知员下		1	80 000
本府督粮同知员下		1	73 118
复设苏海防同知员下		1	78 504
太湖同知员下		1	80 000

（续表）

官　　名	俸　银（两）	员　数	总　计（两）
司狱员下		1	31 520
本府通判员下		1	58 878
本府儒学教授员下	42 500	2	85 000
本府照磨员下		1	31 517
本府知事员下		1	33 114
知县员下	44 207	9	397 867
县丞员下	39 277	8	314 218
主簿员下	33 012	5	165 062
儒学教官员下	39 359	10	393 592
典史员下	30 965	9	278 683
巡检员下	31 129	13	404 677
总　计		67	2 774 788

　* 苏州府对应的分摊额　　＊＊闰年增加闰月银 2 两

B. 工食银

役　　　种		工食银（两）*	员数	总计（两）
巡抚位下	门子	6 000	1	6 000
	轿伞夫	6 000	12	72 000
钞关项下	门子	＊＊7 066	2	14 131
	皂隶	7 065	12	84 784

（续表）

役　　种		工食银(两)*	员数	总计(两)
	巡拦夫	3 462	10	34 616
	轿伞夫	6 923	4	27 693
苏松粮道衙门	皂隶	5 888	2	11 776
知府员下	门子	5 916	2	11 832
	长快	16 800	10	168 000
	步快	5 992	16	95 868
	皂隶	5 916	16	94 659
	库子	5 916	4	23 665
	斗级	6 000	6	36 000
	禁卒	5 769	12	69 232
	轿伞夫	5 917	7	41 415
	铺兵	8 995	14	125 938
本府总捕同知员下	门子	6 000	2	12 000
	皂隶	6 000	12	72 000
	步快	6 000	8	48 000
	轿伞扇夫	6 000	7	42 000
本府督粮同知员下	门子	5 484	2	10 968
	皂隶	5 484	12	65 806
	步快	5 484	8	43 871
	轿伞扇夫	5 484	7	38 387

役种		工食银（两）*	员数	总计（两）
复设苏海防同知员下	门子	5 888	2	11 776
	步快	5 888	8	47 102
	皂隶	5 888	12	70 653
	巡盐巡捕民社	5 888	8	47 102
	轿伞夫	5 888	7	41 214
太湖同知员下	门子	6 000	2	12 000
	皂隶	6 000	20	120 000
	轿伞扇夫	6 000	7	42 000
	改编民壮	***7 988	14	111 383
	禁卒	6 000	2	12 000
	马快	7 200	2	14 400
	铺兵	9 000	6	54 000
司狱员下	门子	6 000	1	6 000
	皂隶	6 000	4	24 000
	马夫	6 000	1	6 000
本府通判员下	门子	5 888	2	11 776
	步快	5 888	8	47 102
	皂隶	5 888	12	70 653
	轿伞夫	5 888	7	41 214
本府儒学教授员下	门子	7 200	3	21 600

役　种		工食银（两）*	员数	总计（两）
	膳夫	20 000	2	40 000
	（又）膳夫	19 973	2	39 945
	斋夫	11 983	3	35 950
本府照磨员下	门子	6 000	1	6 000
	皂隶	5 999	4	23 997
	马夫	6 000	1	6 000
本府知事员下	门子	6 000	1	6 000
	皂隶	6 000	4	24 000
	马夫	6 000	1	6 000
九县知县员下	门子	5 894	18	106 099
	皂隶	5 894	144	848 781
	民壮	7 888	319	2 516 266
	马快	＊＊＊＊＊16 504	72	1 188 294
	库子	5 894	36	212 195
	斗级	5 894	36	212 195
	轿伞扇夫	5 894	63	371 342
	禁卒	5 891	70	412 408
	铺兵	8 882	265	2 353 695
县丞员下	门子	5 891	8	47 133
	皂隶	5 892	32	188 530

（续表）

役　　种		工食银（两）*	员数	总计（两）
主簿员下	马夫	5 891	8	47 133
	门子	5 892	5	29 908
	皂隶	5 982	20	119 632
	马夫	5 982	5	29 908
儒学教官员下	门子	7 097	15	106 461
	斋夫	11 787	15	176 808
	膳夫	19 680	10	196 802
典史员下	门子	5 828	9	53 049
	皂隶	5 894	36	212 195
	马夫	7 578	7	53 049
巡检员下	皂隶	6 419	24	154 067
	弓兵	5 543	268	1 485 394
总计			1 820	13 372 307

* 闰年都增加十二分之一的闰月银　　* * 钞关项下均称为折实工食银
* * * 称为工食器械银　　* * * * 包含马匹草料银

　　之所以选择《道光苏州府志》，是因为更早的《乾隆府志》中没有相关的记载，而《道光府志》的内容应该与雍正年间没有太大的差距。虽然在人数上多少有些变化，但薪金的标准在有清一代基本上没有变化，这一点从冯桂芬的《显志堂稿》卷一二《袁胥台父子家书跋》中"内外大小臣工之养廉俸糈，自旧无改"一句就能判断出来。衙役的工食银大约是每年六两,雍正年间大体也是如此。[6]

上表中的"长快"即马快,或许是骑马长途出差的意思。其工食银十六两,是相对比较高的。正如别项所记,其中还包含着马匹草料银,本来是应该分开来支付的。衙役的工食银均为六两,所以马的份额是十两,几乎是一比二的比例。《雍正上谕》六年九月所颁上谕中引用了福建巡抚朱纲的奏折,称:

> 朱纲折奏,闽省州县存留钱粮项下,每年额共马快工食银三千三百余两,草料银六千余两。……其实有快无马,每年余剩草料银六千余两,藩司遂分送督抚等衙门书吏为盐菜之需。相沿四十余载,合计冒开银不下二十余万两。应请彻底清查,于原任督抚藩司名下分股着追。

如果是这样,马快在没有马的情况下,必须按规定将草料银归还给国库。

俸工银在《会典》户部条中称为"俸食银",可能这个名称才是正式的,但实际上"俸食"的叫法并不通用。同样依据《会典》,俸食银的支出方法称为"坐支"(又称"留支"),虽然也有从国库直接支出的情况,但为方便起见,只需由征收租税的地方从收入中支出,然后向中央报告决算就可以了。因此对于各省最高长官总督和巡抚来说,各府分别制定分担额,进而计算出府下官役的俸工，从租税收入中扣出，剩下的部分则送至布政使所属的藩库。

由于俸工银是国家财政支出，一旦建国之初确定了数额，就会固定下来不易改变。所有的国费出纳都有十分烦琐的规则，只要不经过奏销，即上奏天子，天子认可当地的财务检查合格，那么俸工银的管理就永远是地方官员的责任，说不定哪一天就会被命令全额赔偿。而且，在没有预算制度的时代里，前一年的实际开支直接就成了下一年的预算，所以想新增支出项目往往是得不到批准的，无论物价如何上涨，都是一切照旧，俸工银也是这样固定下来的。而且，对地方官员来说，比起拿到俸工银，是否能够安全通过财务检查才更加重要。只要自己管辖的地方财政出纳十分稳定，就能够顺利过关，万一金额出现浮动，反而有可能会在奏销时遭到中央政府胥吏的非难。

从上文苏州府的例子中可以看到，表中只列举了给官员的俸禄和给衙役的工食，对胥吏则没有一文钱的支出，国家财政完全无视胥吏的薪金。但是，这并不意味着胥吏们就拿不到任何补贴，只不过这些补贴并非来自国库（正项），而是来自地方费（公项）的支出。

二 俸工银扣捐的起源

所谓"扣捐"，即一省大小官员及众衙役将应得的俸工银全部捐纳给政府。这项制度起于何时,目前尚不清楚。雍正三年正月二十六日,江南提督高其位在奏折中将"扣捐"称为"江南旧例"。可见,扣捐在江南早已存在,并且已经成为惯例。

从原理上来考虑,俸工银扣捐应该有两个来源。一是地方官员在突发情况下,往往会率先捐款,从而促使地方缙绅来帮助集资。比如城工、河工等大规模土木工程,以及灾害饥馑时对难民的赈济。遇到这样的非常时刻,即使向中央申请也不容易获得国库的支出,即使同意支出,数量也很有限,通常是远水救不了近火,这就迫使地方的事务必须由地方自己来处理。而地方官员在捐款时,最干净的资金就是俸银,因此可以想见,捐纳俸银自古以来就存在着。

第二也许与平头银的习惯有关。官府在支出所有的费用时,会以填补不足为名先行扣除若干比例,这样的惯例同样古已有之。收钱时多收一部分,支出时少付一部分,这是官府的特权。支出时官府少付的那部分银两,用来购买物资时,被称为"节省银",用于上级官府对下级官府,或者官府对官役个人的支付时,则称"扣平银"。[7]

在不时要求捐纳俸禄的同时,省藩库在发放俸禄时又要扣去一定比例的钱额,两者加在一起,就相当于扣去了一省官员的全部或部分的俸银。被扣捐的俸银,必要时用来赞助地方事业或流用为公款,所谓"扣捐制度"的形成也就顺理成章了。[8]在官员捐纳俸银的同时,本来毫无关联的衙役也被强行拉入了捐纳的行列,微不足道的工食银也没逃过被扣捐的命运。

仅从《雍正朱批谕旨》中明确可见的范围来看，俸工银扣捐从康熙末年起就在各地实行了。据雍正年间著名的河南总督田文镜所说：

> 康熙四十五年至四十七年开挖贾鲁河时，除题销议捐俸工银二万九千余两外，合计（费用）派之里下（地方人民）及通省大小各官公捐，实费银二十余万两。（雍正五年八月初四日奏）

这是用于河工的俸工银捐纳。

其次是江苏省，康熙末年因无法填补亏空而实行俸工银捐纳。雍正元年，新任江苏布政使鄂尔泰在奏折中称：

> 前藩臣宜思恭等，各任内亏缺无抵。经钦差部臣张鹏翮、前任督臣赫寿、抚臣张伯行题准，将康熙四十八、九、五十、五十一等年俸工捐补银共十五万余两，至今未补。又查出前藩臣李世仁任内垫用亏缺，并所属各库借垫亏缺。前抚臣吴存礼咨准户部将康熙五十四、五、六等年俸工捐抵银共一万六千余两，至今未补。（雍正元年十一月二十六日奏）

可见,江苏从康熙四十八年前后就开始扣捐俸工银了。

山东省开始捐纳俸工银,似乎是为了救济饥馑。据雍正元年山东巡抚黄炳称:

> (康熙)五十八、九两年,青、莱、登各府属煮赈,动用仓谷十一万七千余石,原议以俸工补还,亦系虚悬无着。(雍正元年十二月十三日奏)

这就意味着,虽然实行了俸工银扣捐,但实际上的亏空并没有被填满。

接着是直隶,据雍正二年直隶巡抚李维钧所说,直隶的俸工银扣捐是康熙六十一年从堤工开始的。

> 查直属修筑太行堤工,经前督臣赵弘燮题明,暂动道库银两,以通省俸工。自康熙六十一起,分作五年捐还。又截漕运贮广大二府脚价,亦经题明,动借库项,俟俸工有余捐还,各在案。(雍正二年二月十三日①奏)

金额不甚明了。

能够明确时日的只有以上四例,想来俸工银扣捐的起源应该

---

① 原著作"十二日",应为"十三日"之误。

还会更早一些,但一般认为,连续性的扣捐就是从康熙的最后十几年间开始的。

通观俸工银扣捐的原因,多数都是以抵补亏空为理由的。种种亏空,实际上就是在紧急情况下,只能挪用手头上其他项目中的费用。当然,这种挪用在向中央奏销时是通不过的,于是又不得不挪用另外的经费,长年累月地拆东墙补西墙,到底是谁的责任,最终成了一笔糊涂账,只能由全省官员衙役通过捐纳俸工银的办法来填补,于是慢慢形成了惯例。亏空的原因有些是很明确的,如前面所举事例中因河工或赈恤而出现的亏空。

云南省俸工银扣捐则明显是为了填补因军需而引起的亏空。雍正二年,时任云南布政使的李卫提到:

> 查今番满兵撤回,出江浙提镇兵,备养马匹,及差遣文武官军前办事各种盘费,帮贴兵丁安家等类,尚未班师,无凭造报。将来奏销案内,除应开销外,尚有不准开销者。历来此等无着军需,皆用俸工银抵补。查前番出兵虚悬库帑,经抚臣杨名时题明,节次抵扣,已预算至雍正十三年后方能全完。(雍正二年九月六日奏)

可见已经提前捐纳了十一年的俸工银。这就说明中央政府的财务会计制度过于严苛,以至在运作方面出现了缺陷。但是中央也好,地方也好,都有人趁机经营不法的勾当。

清朝会计制度的不合理体现为,即便是临时设置的机构,只要没有列入职官体制,其官员衙役就无法获得官府的俸工银。每当此时,就不得不从周围的官员衙役那儿扣出一部分俸工银,资助临时设立的新岗位。雍正四年,福建巡抚毛文铨提到:

> 台湾一府俸工不过五千一百两零,内除淡水同知、彰化县俸工分厘不捐外,其道府以下通共四千一百一十两零,内酌捐二千七百五十六两,以充巡台御史两衙门官役薪金、工食,余亦给还在案。(雍正四年一月四日奏)

巡察台湾御史设立于康熙六十一年,满汉各一员,也就是毛文铨奏折中所说的“两衙门”。雍正五年后,汉人御史又兼管学政事务。出现剩“余”,意味着两御史中满人御史往往是空缺的,一般只任命汉人御史,实际需要的俸工银不到预算的一半。

俸工银还被流用为各省乡试的费用。雍正七年,山东布政使费金吾上奏:

> 查文场经费项款有二,一系贡院修理,一系场内铺垫供给。以上二项,额设香税银两,不敷应用。从前开销香税之外,将俸工银添补。(雍正七年六月十七日奏)

文教费用的不足,也迫使通过俸工银的扣捐来补助。

最特殊的俸工银扣捐要数军营武器的调制。雍正三年,河南省河北总兵官纪成斌在奏折中这样请求道:

> 仰恳皇上天恩,赏借藩库银八千两,先行制造,俟将八营盔甲造完,同用过银数一并造册题报,自臣以下各营大小员并各年捐扣俸银一千两,分作八年还库清项。(雍正三年二月初三日奏)

他的请求并没有得到恩准,最后还是听从了总督田文镜的计策,将存库耗羡银用于武器制造。不过还有其他的情况,如直隶正定镇总兵官杨鲲奏折中说:

> 一应旗纛,臣与将备等公同商酌,捐俸制造。(约雍正三四年奏)

雍正六年,江西省南昌总兵官陈王章在奏折中也称其捐纳俸银用于制造前、后、城守、水师四营的盔甲。(雍正六年二月初三日奏)

通观俸工银的扣捐,最初只在特殊的情况和特定的时期施行,但逐渐显示出了普遍化的倾向。首先是扣捐的目的,为避开在特定场合下按实际需要扣捐的烦琐,逐渐出现了预先没有目的地扣捐,然后统一核算,也就是将扣捐的俸工银纳入到公费之中,按需支出。如福建省,最初是为了抵补亏空而施行的扣捐,到了雍正元年,如福建布政使黄叔琬所说:

> 前布政使沙木哈因公那用十万九千余两,督抚称,系从前奏明以历年俸工抵补之项。(雍正元年八月初五日奏)

不知从何时起,俸工银全部被纳入了公费之中。雍正四年,福建巡抚毛文铨奏报:

> 查闽省俸工,内地八府约计七万两,向充通省公用。(雍正四年正月初四日奏)

可见俸工银全部都被纳入了统一的核算之中。

不过,并不是所有的省都全额扣捐俸工银,也有三七开的情况。雍正三年,甘肃巡抚石文焯言:

> 现在,尚有未完银二十九万六千余两,粮三万七千余石,皆以甘肃文武各官俸工捐补。文职司道以下,俸银全捐了;武职自提镇以至游守,俸银并各役工食,俱捐七留三,每年共应捐银一万八千四百七十四两零。(雍正三年七月二十四日奏)

也就是说,甘肃的亏空需要近二十年的时间才能全部填满。即便武职官员和衙役从微不足道的俸工银中再捐出三成,依然还是杯水车薪。

下文将会提到,即使是在雍正皇帝下令停止扣捐以后,四川省仍然保留着事先扣留俸工银两成的做法。根据雍正五年四川布政使管承泽的报告:

> 找发各府州县雍正四年俸工银,(前任布政使)佛喜海每百两暗扣二十两,共扣银三千三百一十九两零。(雍正五年九月初九奏)

这远远超出了扣存平头银的范围,只能说是扣捐的延续。

三　俸工银扣捐的废止

从雍正元年九月江西巡抚裴徯度的奏请中可以看到,雍正帝即位之初,坦然接受了俸工银扣捐的做法。虽然他很快对此表示出反对态度,但并没有全面禁止的强烈意向,这或许是因为他对实际情况还不太了解。《世宗实录》卷一一雍正元年九月丁亥条载:

谕户部。江西巡抚裴𢓜度疏称,请捐俸工银两赈恤被水居民。夫官吏俸工,特为赡养伊等家口而设,原不可少。纵将通省官员俸银捐助,为数亦属无几,有何裨益?至若胥役工食,亦尽行捐出,何以令其应差行走?如果民遇灾祲,该督抚即应奏闻,动支正项钱粮。若偶遇水旱微灾,不无赈恤,或修理堤岸城垣之小费,该地方大小官员有愿出己资捐助效力者,何必具题?即欲报闻,亦止可另行折奏。着该部行文直省督抚,凡地方遇有公事,奏请捐助俸工之处,永行停止。

上文还见于《世宗圣训》卷五《圣治》条。根据直隶巡抚李维钧的奏议,这一上谕如实传达给了地方的督抚,时间大约是在雍正二年:

臣准户部咨开,奉旨行文直隶各省督抚,凡遇有公事,奏请捐俸工之处,着永行停止。钦此。(雍正二年二月十三日)

而接受上谕的督抚们,一般是从两种角度来理解上谕真意的。一种认为,俸工银扣捐之事就此被废止了;另一种则认为,俸工银扣捐并未废止,只是禁止在题本中公开奏请此事。

对于前者来说,问题很容易解决,督抚等人只要另外寻找能够代替俸工银的财源就可以了。正在此时,由于地方费(公项)面临着新的局面,一直以来暗箱操作的耗羡、陋规、平余等收入一度被曝光,政府也在重新考虑公平的分配方法,促使地方财政的合理化,督抚以下的官员也开始公开领取养廉银。在这一系列的改革过程中,想挤出相当于俸工银数量的财源不是不可能的,于是俸工银就理应发放给官员和衙役。

但后者考虑的是,俸工银扣捐本身并无不妥,只是不应在作为公文书的题本中公开提及。抱有这种想法的督抚所在的省份,问题一直拖延了很久。其中最具代表性的就是福建省。如前所述,七万两俸工银被全部扣捐,充当全省的公费,要想短时间内找出能够替代的财源,一定是非常困难的。闽浙总督觉罗满保(康熙五十四年十一月—雍正三年七月在任)与福建巡抚黄国材(康熙六十一年十月—雍正三年七月在任)商量,预先扣除的俸工银虽然有所减少,但依然上交作为公费,改其名曰"公捐",也就是以响应公募而筹措的捐款的名义存续下来。

这样的做法正是雍正帝所厌恶的。特别是总督满保在任时间过长,各种恶评不绝于耳,甚至一度被怀疑是年羹尧同党。由于他和巡抚黄国材共谋肆意操纵福建财政,雍正三年七月,雍正帝首先以黄国材在前任地广西营私舞弊为由,将其撤职查办。也不知幸还是不幸,正当雍正帝准备处理满保时,满保却于九月八日病死于福建。福州将军宜兆熊接受遗嘱,署理福建总督印务。其间的详情可见于《朱批谕旨》中宜兆熊的奏折,而《实录》中却完全没有记载,《清史稿》的疆臣年表也没有记录满保的卒日。

黄国材被撤职后,贵州巡抚毛文铨补任福建巡抚,随后,云贵总督高其倬调任闽浙总督。由于毛文铨在前任地贵州废止了俸工银的扣捐,采取了新的政策,因此,他一到新任地福建,就注意到当地还在施行着不合理的旧政策。他在奏折中这样报告说:

> 前任督抚臣满保、黄国材等商量,公用中如承造战船,办解铜觔,俱属火急之务。各项帮帖,刻不能缓,(俸工银)七万之内,酌捐二万四千有零,以作前项所需。……以上每年动用银两,各改名为公捐。……其实即属俸工。臣蒙皇上天恩至深至厚,不敢不据实奏明也。(雍正四年正月初四日奏)

对此,雍正帝朱批答复道:

> 知道了。高其倬抵任后,尔等更当设法筹画,务令妥协。

但实际上,毛文铨和高其倬似乎都无法提出任何建设性的对策。改革一旦错失时机,旧有的惰性就容易被固定下来,想再次变动就会难上加难。继毛文铨和常赉之后,朱纲于雍正六年三月从云南调任福建巡抚,六月到任后,立刻上呈了如下的奏折:

据新任布政使赵国麟册报,闽省公捐俸工一项,为津贴修   253

造战船工料等项之需等因。臣到，查前任布政使秦国龙等公议，情愿公捐协助，共银二万四千余两。俱详前任督抚批允，准行在案。窃思修造战船等项公务，原系必须办应之事，业历任相沿。臣请将闽省捐解俸工仍循其旧，愚昧之见是否可行，伏乞皇上睿鉴批示遵行。（雍正六年八月初八日奏）

朱纲以既成定例为由，请求允许在福建省开设特例。但是在雍正帝看来，这样的特例仅在福建省施行，无论如何都是不合理的，因此在与户部密议后回复朱纲：

所奏已交发怡亲王暨部臣等密议奏覆，今将朕谕部议之折一并发尔看明，遵照施行。

现在，我们已经看不到户部的密折奏覆和雍正帝对此的批谕了。朱纲本人也在其后不久的九月中旬病死，所以他恐怕连朱批都没有看到。十月，刘世明代替朱纲任福建巡抚，于雍正七年正月到任。到任之初，他就看到了前任朱纲的奏折和怡亲王等人的覆奏，从他后来所上的奏折来看，应该是有断然废止俸工银扣捐的命令的。他在奏折中说：

查官役俸工，久蒙皇上特恩给领，断不可再以修理战船名

色议捐,辜负圣恩。(雍正七年三月十一日奏)

并表示希望动用耗羡来充当此次费用,雍正帝赞扬道:

好。如是办理甚属妥协。

至此,福建省在严命之下终于完全废止俸工银的扣捐。其他省份多少也有类似的情况,但结果大体都与福建省相同。

最初,雍正帝对扣捐俸工银的态度是比较暧昧的,因此,发给地方督抚的上谕也显得模棱两可。这或许是因为即位之初的雍正帝,对地方政治的现状还不甚了解,以为只要给督抚等大员下达全局性的方针就可以了。然而,督抚们却根据自己的解读衍生出了两种不同的做法,这迫使雍正帝重新以强硬的态度抛出了禁止扣捐俸工银的方针。

作为雍正帝态度变化的牺牲品,遭到强烈叱责的是最早提出这一问题来的裴徫度。根据《雍正上谕》雍正七年三月条,当时的贵州省正在清查税务,雍正元年正月前担任贵州布政使的裴徫度也在被调查的对象之中,他为使自己所管辖的账簿账目能够对拢,捐纳了白银四两五钱。这一消息由云贵广西总督传出,经由中央政府传到了天子耳中,雍正帝震怒了。

上谕。各省地方一切应用之公费,朕俱令动用公项银两支给,不使扰累官民。至于赔垫捐助之事,屡降谕旨严行禁止。今贵州清查税课一案,裴㣫度名下开报赔垫银四两五钱。夫以裴㣫度之瞻顾因循,将国家数十万之钱粮,听属员之亏空,以为己身沽名邀誉之具。今乃以四金之微开作赔垫之项,显以勒令赔垫之名归之于朕,而掩其亏耗国帑之罪。人之无良,莫此为甚。着将此项银四两五钱赏给裴㣫度,并通行直省督抚,倘地方有应用之费,无论多寡,俱着从公支给,不得令不肖有司藉口赔垫捐助,伤政体而滋弊端。

雍正帝似乎认为,承担责任的官员自掏腰包赔偿国库金的亏空,从一开始就是禁止的。不仅是俸工银的扣捐,捐输国库也同样被禁止,地方的公费当然要用公项来支付,这就是雍正帝的终极态度。雍正帝废止俸工银扣捐政策,始于裴㣫度,又因裴㣫度画上了句号。

四　废止后的处置

如前所述,雍正帝废止俸工银扣捐的政策是与其他的政策并行的,如官员养廉银的支付,地方财政公项、公费的整顿,尤其是对耗羡及陋规的限制等。对于这一连串的新政策,雍正三年署理贵州巡抚石礼哈是这样说的:

地方既有养廉,自可勉为循吏,至于穷员苦役,俸工银两今既照数支给,可永免派捐之类。再地方陋规,向因养廉不敷借口派取,竭民苗之脂膏,以供费用,甚属苦累。今养廉已定,加派之弊,可以永除。(雍正三年八月初三日奏)

贵州省最早,从雍正三年起就开始实际支付俸工银了。

俸工银的实际支付必然会波及旧有的惯例,迫使其作出变革。俸工银中的工食银本来是支付给衙役的,那么问题是,衙役在工食银扣捐期间是怎样维持生活的?他们一定是通过其他名目获得了薪金的。而如今,既然俸工银已经实际支付,从前的收入自然必须停止。雍正七年,署理直隶总督杨鲲将前任署理宜兆熊、协理刘师恕在任期间的经理报告发往中央,雍正帝认为其中存在着双重支出,命令当事人作出赔偿。

(朱批:)据册开,署督协督已皆赐有养廉之资,何得又于公用项内动支盘费?至门吏、执事、夫役人等,既有经制工食,何以又于公用项下支给银两?此四项不准开销。速于刘师恕、宜兆熊名下追捕还项,另行造册,咨部存案。(日期缺)

雍正帝的态度显而易见,既然已经实际支付了工食银,就无需再向衙役支付公项,如果已经支付,要严命衙门长官承担责任并作出赔偿。

此外，朱批还严厉禁止官员在规定的养廉银外用公项来支付旅费等。不，在雍正看来，官员本就应该节约私生活的开支，甚至期待着如果还有剩余的养廉银，用于援助地方公费也未尝不可。《雍正上谕》十一年八月二十五日条记载：

> 若云书吏供给一节，每年计费无多。朕于督抚藩臬皆厚给以养廉，即捐此些微以赡书吏，使杜弊端，似亦事之可行者。

这里所说的是给胥吏的供给，是指封锁衙门时给值班胥吏的伙食费，希望大员能够参与捐献。而在财政困难的福建省，停捐俸工银后的雍正七年，巡抚刘世明为填补没有着落的亏空，上奏请求立案捐纳一定份额的养廉银：

> 查福建尚有各案承追无着银共四万一千七百五十二两零。兹既禁绝捐派，则无着银两无项可补。臣现议将分给各官养廉内，除观风整俗使、学院，并各厅官十四员，共银一万二百两，实给外尚有应给各官养廉银八万四千三百两。今先实给八分三厘零，存留司库一分六厘零，每年计银一万三千九百一十七两，分作三年将无着银两全补，完日仍照原议十分全给。（雍正七年六月十六日奏）

对此,雍正帝在朱批中反而给予了热忱的回复:

> 此奏朕甚嘉之。历来直省耗羡、养廉一节,朕从不问及。
> 遇各督抚等肯秉公据实奏请者,朕一一斟酌训示。闽省总督
> 未经详臣请示,朕何因追求。今汝所开条款,甚属明晰,闽省
> 养廉似觉不敷,已降旨谕部指拨数项以增助汝等用度,庶不致
> 有所缺欠也。

同时,雍正帝还立刻命怡亲王等人为福建省寻找公费的财源。
怡亲王等人的覆议送达刘世明的手中,从内容上来看,福建省内的
关税、商税、河桥车税等赢余银一万一千三百两,台湾官庄归公银三
万七百余两,合计四万二千余两,加在福建省原有的养廉银九万三
千两之上。结果,养廉银增额部分和亏空金额相当。因此,福建官
员只要捐献一年的增额部分就能填满亏空。恐怕雍正帝也正是基
于这样的期待才做出决断的,在他看来,养廉银的捐纳只要不造成
大的负担,也未尝不能承认。还有其他事例。雍正十年,湖北巡抚
王士俊在赈济来自河南、山东的流民时提出:

> 臣即一面查照伊等籍贯住址,密咨河东督臣田文镜、山东
> 抚臣岳濬,知会接受安插,一面即自捐养廉,按照册开大小名
> 数,逐名各给路费,委员分起护送出境。(雍正十年十一月初

三日奏)

对此,雍正帝朱批答复是:

　　　欣悦览焉,料理殊属可嘉之至。

赞扬之意,跃然纸上。

　　这样就又产生了一个疑问。同样是薪金,俸工银的捐纳是禁止的,而养廉银的捐纳却得到认可,这是不是矛盾？其实里面大有讲究。俸工银虽然根据官位高低金额上存在着差异,但它是支付给所有官员的;而养廉银则不然,只重点支付给职务繁忙的官员。因此,俸工银的扣捐越到下层危害就越大,养廉银则不同,即便如福建巡抚刘世明提议那样进行扣捐,也只是影响到了领取养廉银的大官,不会波及没有养廉银的官员和衙役。而且,养廉银是一种地位越高数量越大的特殊薪金,上层大员在遇到突发情况时站出来捐纳,毋宁说是理所当然的事。

五　结语——俸工银的比重

　　地方各省的俸工银总计有多少？这在乾隆以前的《会典》中没有记载。根据《嘉庆会典》卷一二《户部尚书侍郎职掌·俸禄》

注释：

1. 「工食」一词，还可以分解为「工」和「食」两部分。《朱批谕旨·田文镜》雍正六年十月二十七日载田文镜在河东总督任上的奏折，其中关于雇佣骡夫时提到：「今番用正项钱粮，既给以工，复给以食。」《朱批谕旨·黄国材》雍正三年九月初一日奏折中提到：「院司衙门书办，纸笔造册，人工饭食，以及解册等费。」因此，「工」可以引申为人工，「食」可以引申为饭食。

2. 关于胥吏，请参照拙稿《清代的胥吏与幕友》，载《东洋史研究》第十六卷第四号。

3. 三班六房，出自《朱批谕旨·宜兆熊》雍正六年四月十六日奏折：「六房书吏，及三班衙役。」但此处只是列出代表性的书吏和衙役，书吏之外还有承发房、抄稿房、总漕房、总银房等，见《清国行政法》第一下；衙役也有多种，请参看下文所列表格。

中列举的各省额支官俸役食银的数量，除伊犁外，中国本部及东三省的总额为一百九十一万余两，而据《光绪会典》卷一九"岁出之款十有五"中"五百俸食之款"的记载，俸工银总额为一百八十万余两。由此可见，从嘉庆十八年到光绪二十二年，八十年间俸工银并没有随着时代和物价的变动而提高，只是根据官吏定员的增减而多少有些浮动而已。由此可以推断，俸工银的总额在雍正时期也不会有太大的变化。如果是这样，雍正二年的赋银收入为二千六百三十六万余两，俸工银的一百九十两大约相当于百分之

注释：

4. 关于民壮，参照佐伯富教授《关于明清时期的民壮》，载《东洋史研究》第十五卷第四号。

5. 关于衙役的收入。注5引文之前有如下陈述：「河南司道七日奏折中，称衙役之一的民壮。《朱批谕旨·田文镜》雍正九年十二月初他们其实有各种副收入，尤其是奉本官之命，手持差票（出差证明）下乡时，往往奋虎狼之威，人民饱受其苦。「工食之外，毫无出食。」但可见民壮的工食

6. 衙役的平均薪金。注5引文之前有如下陈述：「河南司道府厅佐杂等衙门，共拨民壮一千一百四十七名，每年共支银六千七百八十二两。山东司道府厅佐杂等衙门，共拨民壮三千四百二十四名，每年共支银二万五千四百四十两。」可见民壮的工食为银六两。冯桂芬《显志堂稿》卷一一《用钱不废银议》称：「即匠工一节，国初每工，只银二三分。」如果是银二分，一年就是七两二钱余，接近于衙役的工食银六两。但冯桂芬时已经增加了三四倍，与之相比，《道光苏州府志》中记载的工食依然保持不变。

七，其中的大部分都还以捐纳之名，被扣留在藩司手中，名义上是作为地方的公费，但实际上主要是供总督、巡抚的任意使用。虽然也有抵补往年亏欠的名目，但实际上很少用于填补亏空，大多数都是流用到了别的方面。

白银一百九十万两，这在当时是一笔巨款。不过还可以这样来思考。这么多俸工银平均到每个省就大约九十万两，当时，这笔无可比拟的巨额银两与租税一起，在暗中流动，从不浮出水面。

比如，巡抚的俸银是每年一百五十两，雍正三年，河南巡抚田文镜

注释：

7. 俸工银扣平。《朱批谕旨·陈时夏》雍正五年十一月初六日奏折中提到苏州布政司实行的惯例是：「船工俸薪杂项，每百扣平二两。」俸薪即俸银。《朱批谕旨·孔毓璞》雍正六年二月二十七日奏折中陈述甘肃布政使的支出方法：「支放驿站俸工银两，每百两，历任有扣平头银，一两至三两不等。」

8. 扣捐、捐扣、捐派等，都是相同的意思。《朱批谕旨·宜兆熊》雍正六年三月十日奏折称：「前任督臣李维钧，于扣捐俸工项下支给。」《朱批谕旨·黄叔琳》雍正二年无日期奏折中陈述浙江省历年亏空，「或以俸工，扣捐填补。」「捐扣」一词，《朱批谕旨·王士俊》雍正六年十月初八日奏折论及广东省财政时称：「雍正二年以前，解部钱粮，兑平短少，奉部行催之后，即将通省俸工抵补，是以随缺随完。迨奉旨，俸工概不捐扣。」又，《朱批谕旨·纪成斌》雍正三年二月初一日奏折中使用了「捐扣俸银」。其他，如《朱批谕旨·刘世明》雍正七年六月十六日奏折中使用「捐派」，《朱批谕旨·迈柱》雍正五年三月十九日奏折中使用「提解官役俸工」，等等，指的都是同一类事。

这样说道：

查据河南巡抚任内，一年所有各项陋例，不下二十万两。（雍正三年正月二十四日奏）

这里指的是他的前任，也就是从康熙末年到雍正初年在任四年的杨宗义。换言之，杨宗义收受了相当于应得俸银一千倍以上的贿赂。这样的人，即使让他捐出所有的俸禄应该也是无关痛痒的,俸工银的扣捐政策最终也正是由这些人立案实施的。也许在他们眼中,一省的俸工银九万两根本算不上什么大的数目。

事实上,巡抚以外的布政使、按察使、知府、知县等权势阶层,虽然程度不同,但都应该有着相当数量的贿赂或副收入。遭殃的只是底层的所谓"穷员苦役",对于缺少其他收入的佐贰官、教官,以及更下层每年工食银仅六两的衙役来说,一旦工食银被扣捐就必然会给生活带来巨大的困苦。雍正帝用他的慧眼识破了此中的内幕,正像废止看似积重难返的俸工银扣捐这样,反抗旧有的政治惰性,那样的难题只有到了雍正帝的手上才得以实现。可以说,雍正不愧是一位致力于改革其父康熙帝时散漫政治的有为天子。

原载《东洋史研究》第二十二卷第三号,1963 年 12 月